LES GRANDES INTERROGATIONS DE LA CONNAISSANCE

BERTRAND VERGELY

LES ESSENTIELS MILAN

Sommaire

Questions sur les moyens de la connaissance

Questions sur le sens de la connaissance

Questions sur la connaissance et la vie

Approfondir

Les mots suivis d'un astérisque (*) sont expliqués dans le glossaire.

Invitation à sourire

Au début du XIXe siècle, Hegel (1770-1831) a constaté que, dès qu'il s'agit de la connaissance, nous évoluons dans un étrange paradoxe. D'un côté, en effet, on se méfie de « l'intelligence* » en déclarant qu'il faut vivre et non « intellectualiser » la vie. D'un autre côté, on affiche son doute* à propos de tout en déclarant qu'il faut n'être dupe de rien. On a tendance, autrement dit, à nourrir un sentiment naïf, voire « fleur bleue », à l'égard de la vie, sur fond de scepticisme. Comment ne pas voir qu'il y a là une contradiction difficilement soutenable ? S'il convient de douter de tout, pourquoi ne pas douter aussi de la vie ? Et s'il convient de croire en la vie, pourquoi douter de tout ? Au XVIIe siècle, Descartes (1596-1650) constatait que l'on a toujours assez d'intelligence pour critiquer l'intelligence et ainsi refuser d'apprendre. En revanche, on en a soudain moins pour se forcer à devenir plus intelligent et apprendre.

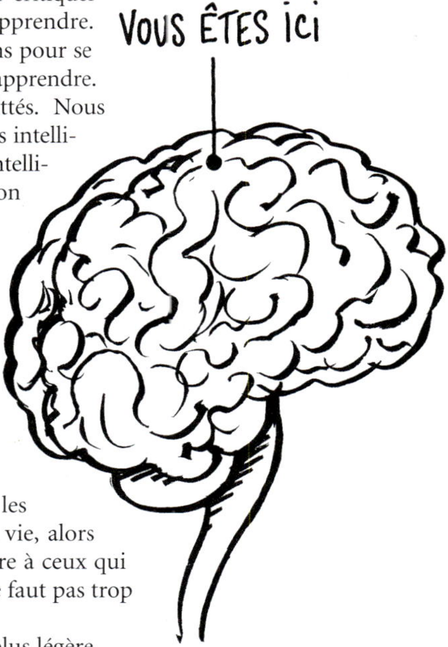

Ce paradoxe ne nous a pas quittés. Nous aimons nous dire que nous sommes intelligents. Mais usons-nous de notre intelligence comme il conviendrait qu'on en use ?

Si le lecteur cherche dans ce livre des arguments pour justifier l'idée*, malheureusement trop présente parfois, que l'intelligence est un fardeau, qu'il sache qu'il ne les trouvera pas.

En revanche, s'il est d'accord pour nous suivre dans un questionnement sur les moyens de la connaissance, son sens, ainsi que les rapports qu'elle peut avoir avec la vie, alors cheminons ensemble afin de sourire à ceux qui tentent de nous convaincre qu'il ne faut pas trop réfléchir pour bien vivre.

L'intelligence rend toujours la vie plus légère.

Est-il vrai que l'intelligence soit un don ?

Certains parmi nous sont manifestement intelligents. On en conclut qu'il s'agit là d'un don. Est-ce un constat réaliste ou une mauvaise excuse pour ne pas se cultiver ?

Est-on intelligent par chance ?

« C'est normal, s'il réussit. Lui, il est doué. Alors que moi, j'aurai beau travailler, je n'y arriverai jamais. » Quelle mère d'un enfant revenant de l'école avec de mauvaises notes n'a pas entendu cette explication ? Et quelle mère ne s'est pas insurgée devant tant de mauvaise foi ? Car l'intelligence* n'est pas un don, ni le don une raison pour expliquer un échec. Il est en effet un peu facile de recourir à l'inégalité des dons afin de justifier un manque de réussite. Cela revient à critiquer la nature au lieu de se critiquer soi-même, et à crier à l'injustice là où il n'y a que paresse. Et donc, à ne pas être simplement paresseux mais malhonnête. En outre, tout en trouvant une bonne excuse pour justifier le fait qu'on n'a rien fait, il est non seulement culotté mais tout simplement injuste de faire de celui qui a travaillé un chanceux qui n'a aucun mérite. Les nazis pensaient qu'il existe des êtres inférieurs comme des êtres supérieurs, par nature. Gardons-nous de tels discours. Nous risquerions de devenir nazis nous-mêmes !

Du bon usage de soi

Certes, fera-t-on remarquer, il y a des intelligences fort précoces. Par exemple, Mozart (1756-1791), composera des concertos à six ans, et Pascal (1623-1662), redécouvrera à douze ans, toutes les propositions

d'Euclide (IIIe siècle av. J.-C.). Rimbaud (1854-1891) écrit ses plus célèbres poésies entre 16 et 17 ans, et Schelling (1775-1854) a dix-neuf ans quand il achève un système de pensée que d'autres mettront toute une vie à construire. Ils ont fait vite. Mais ils ont aussi appris, en mettant à profit ce qu'ils apprenaient, contrairement à d'autres qui ne prêtent aucune attention à ce qu'ils apprennent, parce qu'ils traînent les pieds quand il s'agit d'apprendre. On apprend vite, quand on veut. Mozart, Pascal, Rimbaud, Schelling et les autres l'ont voulu. On peut encore admirer le résultat. Nietzsche (1844-1900) comme Schopenhauer (1788-1860) constataient que l'on est injuste à l'égard des courageux qui font un effort, et bien complaisant à l'égard des paresseux qui n'en font pas. Cela n'a pas changé. On continue d'invoquer la chance pour expliquer la réussite scolaire en oubliant soigneusement de mentionner le travail. Il faudrait pourtant le faire, afin de venir en aide à ceux qui sont en difficulté. Car, s'il est vrai qu'il existe une intelligence que la nature nous lègue, sous la forme d'une disposition à nous adapter grâce à certains réflexes, il n'en demeure pas moins qu'une intelligence qui ne se cultive pas finit très vite par stagner. Il faut aider la nature qui nous aide en faisant un bon usage de nous-mêmes! C'est ce que Descartes (1596-1650) a voulu nous faire comprendre au début du *Discours de la méthode*. Tout le monde est intelligent! Mais tout le monde ne fait pas un bon usage de son intelligence! Les inégalités entre les hommes proviennent de là. Du peu d'usage que nous faisons de ce que nous sommes.

On a toujours assez d'intelligence pour trouver des raisons au fait de ne rien faire. Jamais assez pour faire. C'est ce que veut dire « le bon sens est la chose du monde la mieux partagée ». Descartes ironise quand il écrit cela. Il enseigne aussi que l'intelligence ne tient qu'à nous. Il suffit pour s'en apercevoir de tenir un peu à elle.

« Le bon sens est la chose du monde la mieux partagée. Et chacun s'en croit si bien pourvu qu'il ne se croit pas obligé d'en réclamer davantage. »
Descartes, *Discours de la méthode*, 1637.

Tout le monde est intelligent. Mais tout le monde n'use pas de son intelligence. D'où l'inégalité des intelligences qui relève davantage d'un usage des dons de la nature que des dons prodigués par la nature elle-même.

Est-il vrai que la bêtise n'existe pas ?

La bêtise n'est pas ce que l'on croit. Elle ne consiste pas à être limité, mais à être méchant.

« Alors, une faculté gênante se développa dans leur esprit, celle de percevoir la bêtise et de ne plus la tolérer. Ils mirent en doute la probité des hommes, la chasteté des femmes, l'intelligence du gouvernement ainsi que le bon sens du peuple. »
Flaubert, *Bouvard et Pécuchet*, 1881.

L'intelligence des limites

La bêtise existe, mais pas sous la forme que l'on imagine. Nous sommes tous limités. Personne n'a une intelligence* sur tout ni l'intelligence de tout. On peut avoir une intelligence pratique, sans avoir forcément une intelligence théorique et inversement. Il arrive même parfois que notre volonté d'être intelligent nous empêche de l'être, lorsque, par exemple, au lieu de nous laisser inspirer par un moment de la vie, nous nous mettons à tout disséquer et à tout analyser. Par cette volonté d'être ainsi intelligent à propos de tout en possédant l'intelligence de tout, on finit par être profondément bête. Bergson (1859-1941) a critiqué la bêtise d'une certaine intelligence rationnelle qui réduit tout, partout, à des mécanismes, là où il faudrait pouvoir saisir l'élan vital de l'existence*. Nietzsche (1844-1900), de son côté, n'a pas hésité à rappeler qu'il était vulgaire de vouloir avoir une opinion* sur tout. D'une façon générale, nous sommes tous limités. Et curieusement, l'intelligence surgit à chaque fois qu'on l'accepte, alors qu'elle s'estompe quand on la nie. Car il n'est pas bête de reconnaître sa bêtise, son ignorance et ses limites en tel ou tel domaine, alors qu'il est bête de prétendre être intelligent.

La bêtise de la méchanceté

Ce rappel concernant nos limites permet de situer la bêtise à son juste niveau. Celle-ci résidant dans le refus d'accepter nos limites, plus que dans nos limites elles-mêmes, elle renvoie davantage à un problème de morale qu'à un problème de nature. Ce que le

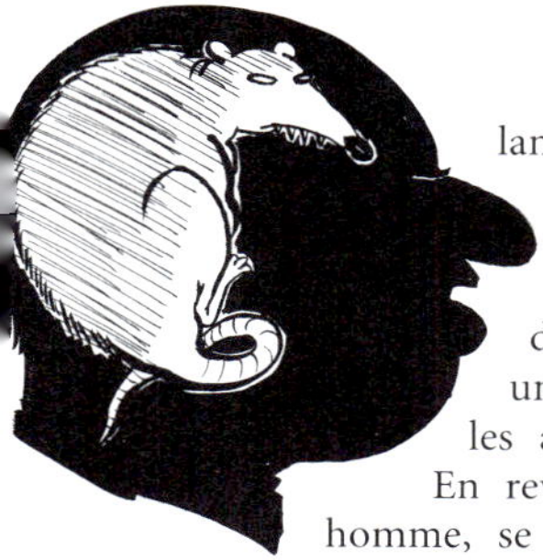

langage comme l'expérience* viennent à confirmer. Dans le mot bêtise, on trouve le mot bête, qui désigne l'animalité. Être un animal n'est pas bête. Car les animaux sont intelligents. En revanche, quand on est un homme, se laisser aller à l'animalité est bête. Car c'est là régresser. Et c'est ce que nous condamnons, quand nous disons qu'une action ou une parole sont bêtes. Quelqu'un aurait pu faire preuve d'humanité, d'intelligence, de supériorité par rapport à lui-même. Il n'en a rien fait. Il a décidé de ne pas exploiter les richesses qui sont en lui. Il a tout gâché. Il est bête. Il a laissé parler la plus mauvaise partie de lui-même. La bêtise consiste à régresser, à devenir une bête au lieu de s'élever à la condition d'homme. En cela, fondamentalement, elle est paresse et, avec la paresse, un inquiétant rapport à la violence et à la tyrannie procédant d'un vide profond. Il nous est arrivé à tous d'avoir affaire à des personnes de notre entourage faisant les « bêtes ». Comment ? En ne faisant rien. En étant inertes. En faisant exprès de ne pas comprendre. Résultat, pour que la vie ne devienne pas impossible en étant totalement paralysée, il se trouve toujours quelque bonne âme dévouée pour agir et penser à la place de celui ou de celle qui n'agit pas et ne pense pas. La bêtise est rusée et perverse. Elle est l'arme favorite des tyrans, qui ont l'art de faire agir les autres à leur place, en faisant les « bêtes ». D'où le côté vertigineux de la bêtise, si rusée derrière son apparente banalité. D'où sa méchanceté, du fait de sa ruse. Car, on n'est jamais bête par hasard*. On le fait exprès. Et c'est cela qui est bête. On pourrait ne pas être un tyran. On ne fait rien contre cela. Et l'on est bien bête de ne pas résister au tyran qui sommeille derrière l'homme que l'on pourrait être et que l'on n'est pas.

Bêtise et ignorance

Spinoza (1632-1677), dans son *Éthique*, souligne qu'un sage ne doit jamais accepter la générosité d'un ignorant. Loin d'être du mépris, son geste est plein de générosité à l'égard des ignorants. Car la bêtise et l'ignorance n'étant des cadeaux pour personne, c'est faire croire qu'elles sont un cadeau que d'accepter le cadeau de quelqu'un d'ignorant ou de bête.

La bêtise réside dans le fait de faire exprès de demeurer dans l'animalité qui sommeille en chacun de nous.

Les sens nous trompent-ils ?

On entend souvent dire que les sens nous trompent. Et si l'erreur résidait non pas dans les sens mais dans le fait de croire qu'ils nous trompent ?

Ceci n'est pas une table !

En terminale, quand il commence l'étude de la philosophie, tout élève a droit à un cours durant lequel son professeur lui explique que les sens sont trompeurs. Ainsi, on croit voir ce que l'on voit et sentir ce que l'on sent, mais il s'agit là d'une erreur, la réalité n'étant ni dans ce que l'on voit ni dans ce que l'on sent. Il faut le dire, ce premier contact avec la philosophie a souvent des effets désastreux, l'élève ayant l'impression que l'on se moque de lui en lui racontant que ses sens ne sont pas fiables. Il n'a quand même pas la berlue, fait-il remarquer. Cette table, cet arbre, il sait qu'ils existent, puisqu'il peut les voir et les toucher. En fait, l'élève comme le professeur ont raison, mais chacun des deux traduit mal ce qu'il dit. Le professeur a raison de dire que les sens ne nous font pas voir ni sentir la réalité. Car le réel ne peut se sentir ni se voir. Le réel étant en effet ce qui nous rend le réel réel, celui-ci comprend tout ce que nous appelons le réel. Si nous pouvions saisir le réel, cela voudrait dire que nous sommes au-delà du réel, à la place de ce qui rend le réel réel. Nous serions alors le réel. Il serait en ce sens impossible de saisir le réel car celui-ci ne serait qu'une illusion. Or, ce n'est pas le cas. Nous avons le sens du réel. Si nous l'avons, c'est parce que, paradoxalement, nous ne pouvons pas le saisir. Le réel renvoie à une altérité. Il n'est pas nous, mais autre chose que nous. Quelque chose d'insaisis-

sable. Un « je-ne-sais-quoi », dirait Jankélévitch (1903-1985). D'où le côté toujours étonnant de tout rapport à la réalité. Nous sommes, par exemple, sous la pluie. Soudain, nous sentons la pluie sur notre visage. Nous la vivons avec un intense sentiment de réalité, parce que nous faisons l'expérience* à travers elle de quelque chose d'insaisissable. Quelque chose d'autre est venu augmenter notre rapport au réel. C'est cette altérité qui donne son sens au réel. Reste que pour accéder à cet état, il faut être actif. Aussi l'élève a-t-il raison.

Ceci est bien une table !

Ce qu'il voit est bien réel. Pourquoi ? Parce que c'est lui qui le voit. Descartes (1596-1650), dans ses *Méditations métaphysiques*, nous aide à comprendre cette expérience. Il est à sa fenêtre. Il voit des manteaux et des chapeaux. Il conclut qu'il s'agit là d'hommes. Qu'en sait-il ? Il pourrait s'agir là d'automates déguisés en hommes. Il le sait, dit-il, parce qu'il est doté de jugement*. Etant lui-même un homme, il sait ce qu'est un homme. On ne sait pas ce qu'est un homme parce que l'on voit un homme. On voit un homme parce que l'on sait ce qu'est un homme. Car on voit quelque chose parce que l'on est en mesure de la juger. L'élève a donc raison. La table qu'il voit, il la voit bien, car il est capable de la juger. S'il en était incapable, il ne pourrait même pas se demander si ce qu'il voit est une table ou pas. En ce sens, tout comme on est dans le réel, on est dans une conscience. C'est la raison pour laquelle nos sens ne nous trompent pas. Nous voyons toujours ce que nous voyons, car la conscience a toujours conscience d'elle-même comme de ce qu'elle voit. Quand, par hasard, il nous arrive de nous tromper, ce n'est pas au sujet de ce que nous voyons que nous nous trompons, mais au sujet du rapport que nous pouvons entretenir avec ce que nous voyons. Les sens ne nous trompent donc pas. Seul le sens que nous leur attribuons peut nous tromper.

« Si par hasard je suis à ma fenêtre et si je regarde une foule d'hommes qui passent dans la rue, je ne manque pas de dire que ce sont des hommes ; et cependant que vois-je si ce n'est des chapeaux et des manteaux qui pourraient très bien couvrir des spectres ou des hommes montés sur des ressorts, mais je juge que ce sont de vrais hommes et je comprends par la seule inspection de mon esprit ce que je croyais voir de mes yeux. »
Descartes, *Méditations métaphysiques*, 1641.

Ce que l'on sent ne nous trompe pas. Seul ce que nous croyons sentir, du fait d'une erreur de jugement, nous trompe.

La raison nous coupe-t-elle de la vie ?

La raison fait peur. On s'imagine qu'elle réduit la vie. Et s'il n'en était rien ?

La violence du savoir

« *Grise est toute théorie, vert est l'arbre de vie* », soupire Faust dans la célèbre pièce de Gœthe (1749-1832). Depuis la *Genèse* dans la Bible, où il nous est dit que l'humanité a chuté parce qu'Adam a voulu goûter de l'arbre de la connaissance du bien* et du mal, règne l'idée* qu'il ne faut pas vouloir tout connaître. Ce qui est vrai en un sens. Tout connaître, n'est-ce pas vouloir faire le tour des êtres et de la vie ? N'est-ce pas là quelque chose de violent ? En amour, quand on rompt avec celui ou celle que l'on n'aime plus, on se débarrasse de celui-ci ou de celle-ci en déclarant qu'on en a fait le tour et qu'il ou elle n'a plus rien à nous apprendre. L'amour a toujours à apprendre de l'autre et toujours quelque chose à dire à l'autre. L'indifférence, ou la haine, n'a jamais rien à apprendre et jamais rien à dire à l'autre. Ceci vaut pour la réalité. Il y a une volonté de tout savoir sur tout et sur tout le monde qui relève du désir de pouvoir sur l'autre et donc de la violence. On veut que rien ne nous échappe du réel ou des autres. On entreprend donc de tout savoir sur eux. Il y a de ce fait beaucoup de sagesse dans le fait de ne pas vouloir tout savoir sur tout le monde ni sur tout. Ce geste préserve le sens du mystère. Il préserve également celui de l'amour. La Bible est donc sage. Cela dit, qu'il n'y ait pas de confusion. Ce n'est pas parce qu'il importe de ne pas tuer le mystère qu'il faut pour autant tuer la connaissance. Ce conseil vaut pour notre rapport à nous-mêmes comme pour notre rapport à autrui. Ne pas épuiser la connaissance ne veut pas dire cesser de connaître, mais connaître toujours. Connaître encore. Connaître de plus en plus. Ne pas cesser de connaître.

« Quand l'âme fixe ses regards sur ce que la vérité et l'être illuminent, elle le comprend, le connaît, et montre qu'elle est douée d'intelligence ; mais quand elle les porte sur ce qui est mêlé d'obscurité, sur ce qui naît et périt, sa vue s'émousse, elle n'a plus que des opinions, et en passant de l'une à l'autre, son intelligence finit par s'émousser. »
Platon, *La République*.

Le don de la raison

Hegel (1770-1831) a donc raison. Nous possédons en nous la raison. Remercions le ciel de posséder cette faculté, au lieu de le maudire. La raison, en effet, comme le rappelle Platon (428-348 av. J.-C.), est la faculté du lien. En réfléchissant, par exemple, avec autrui, nous pouvons faire apparaître les points communs qui nous relient, mais aussi les différences. Une nouvelle vie peut alors jaillir. Par-delà le chaos, le monde peut se mettre à signifier une quantité de relations*. La bonne mesure consiste alors à écouter la voix intérieure qui nous murmure: « Réfléchis et pars à la découverte de tout ce qui se fait autour de toi. » Les Grecs ont adopté comme devise: « Rien de trop. » Ils étaient contre l'excès, parce qu'ils étaient contre la violence, qui ne cherche jamais à découvrir ce qui structure nos liens. La vie est relation. Elle est même un réseau de relations. Aussi est-elle *logos*, autrement dit raison, relations. Il suffit, pour s'en rendre compte, de se relier à ce réseau de relations. Comment? En le laissant parler en nous. En devenant relation au sein des relations. C'est ce que veut dire raisonner. L'homme qui raisonne cherche à se rendre compte de ce qu'il fait. Il cherche à se rendre compte de ce qu'il y a autour de lui. Cela n'est pas abstrait. Cela consiste à se relier à ce que l'on est comme à ce qui est. Il s'agit là du geste même de la vie, qui est relation et, à travers la relation, universelle* communication. Comment, dès lors, dire que la raison est grise? En grec, le mot *theoria,* d'où nous avons tiré le mot théorie, désignait l'acte de voir d'une façon visionnaire. Il s'agit là de l'essence* de la raison. Toute raison est visionnaire. Aussi parle-t-on avec justesse de la lumière de la raison.

La raison n'est pas le contraire de la vie, mais la vie même en nous ouvrant les portes de l'universel réseau de relations qui parcourt la vie.

Les mots nous empêchent-ils de nous exprimer ?

On bute parfois sur le langage. Est-ce une raison pour conclure qu'il nous empêche de nous exprimer ?

L'obstacle des mots

Tout le monde, un jour, a cherché un mot afin d'exprimer une sensation*. En vain. Le mot n'est pas venu. Il est resté, comme on dit, sur le bout de la langue. Quand on goûte silencieusement une atmosphère, on en veut à l'importun bavard, qui vient soudain briser l'harmonie régnante par un mot de trop. On aurait aimé qu'il se taise. Enfin, combien de discussions houleuses à cause d'un mot mal compris ou mal interprété, parce que tout le monde ne lui a pas donné la même signification et donc la même valeur ? Tous ces exemples montrent qu'il ne faut pas idéaliser le langage. Il arrive que l'on ait des problèmes de communication, non pas du fait de l'absence du langage, mais du fait de sa présence. Bergson (1859-1941) a eu de ce fait raison de le souligner : le langage est un outil qui permet de communiquer socialement. À ce titre, il est l'expression d'une institution qui a décidé d'appeler telle chose par tel nom, afin que tout le monde puisse communiquer. Aussi n'est-il pas étonnant que le mot fasse obstacle. Le mot est un genre, la nuance, une particularité. Le genre n'est pas fait pour exprimer la particularité de la nuance. Aussi condamne-t-il celle-ci à demeurer dans l'ineffable. En outre, le langage des cœurs n'est pas forcément celui des mots. Le cœur devine, parce qu'il est le cœur. Il n'a pas toujours besoin de dire pour signifier. Il arrive même souvent qu'il signifie mieux par le silence, plus propice à communiquer ce qui relève de l'intime. Enfin, dans tout rapport au langage, il importe de distinguer l'esprit de la lettre. L'esprit sait aller au-delà des mots, afin de

« Et je ne hais rien tant que les contorsions
De tous ces grands faiseurs de protestations,
Ces affables donneurs d'embrassades frivoles,
Ces obligeants diseurs d'inutiles paroles,
Qui de civilités avec tous font combat,
Et traitent du même air l'honnête homme et le fat. »
Molière, *Le Misanthrope*, 1666.

voir ce qu'il y a derrière eux. Il sait interpréter symboliquement les choses, parce qu'il est intelligence*, compréhension, ouverture. Aussi n'enferme-t-il pas l'autre. Il lui ouvre au contraire des espaces avec générosité, en lui donnant de l'avenir. La lettre sans esprit est sans humour. Signe que le langage a besoin d'autre chose que le langage pour exister. Est-ce à dire pour autant que nous n'avons pas besoin du langage ? Bien évidemment, non.

De l'outil au poème

Le langage est un outil symbolique qui permet de se représenter ce que l'on pense en projetant sa pensée sur cet écran que constituent les mots. Sans langage, nous ne pourrions pas nous représenter notre propre pensée. Aussi Hegel (1770-1831) a-t-il eu raison de rappeler que « c'est dans les mots que nous pensons ». En outre, il est erroné de croire que le langage nous empêche d'exprimer le sens des nuances. La poésie, par son sens de l'image, qui permet de dire la même chose autrement, offre l'occasion à l'esprit de s'affranchir de la réalité immédiate et de découvrir d'autres horizons*, infiniment sensibles et variés.

Qui n'a pas été un jour transporté par une image poétique en faisant la découverte des ressources du langage ? Comment ne pas voir que, sans les mots, nous n'y aurions pas accès ? Enfin, s'il est vrai que l'amour ne s'épuise pas dans le langage, il ne saurait vivre sans lui. Témoin le fait qu'il se met à exister, parce que l'on dit à quelqu'un qu'on l'aime. Imaginons qu'on ne dise jamais à quelqu'un qu'on l'aime, l'amour cesserait d'exister. Le langage de l'amour a donc besoin d'un minimum d'amour du langage, pour agir comme amour.

Le langage est une liberté qui nous permet de sortir du silence et du vide, en nous aidant à nous représenter les choses.

Tout jugement est-il subjectif ?

Le jugement de valeur est subjectif. Mais cela veut-il dire que tout jugement le soit ?

Ne jugez pas !

Souvent, quand il est question de jugement*, on esquisse un pas en arrière. Juger n'est-il pas très subjectif? Qui sommes-nous pour juger? En outre, n'est-ce pas faire preuve de dureté que de juger? De quel droit trancher et condamner? Ceci explique le fait que l'on bannisse le jugement et que l'on opte pour l'ouverture et la tolérance. Ce qui peut devenir une erreur. Être, en effet, tolérant est une vertu, quand la tolérance relève du refus de la tyrannie qui empêche à quiconque de s'exprimer. Être tolérant, en revanche, devient vide de contenu, quand, sous prétexte de ne pas juger, on ne sait plus ce que l'on juge. Rappelons-le, avant de signifier le fait de condamner, juger veut dire apprécier la portée d'un événement ou d'une réalité, en faisant la part des choses. À cet égard, le fait d'avoir du jugement est une qualité et non un défaut. Et c'est en manquer qui est non seulement un défaut mais, qui plus est, un défaut inquiétant. Car les choses ne sont pas ce qu'elles donnent l'impression d'être. Du coup, on a tendance à réagir à celles-ci soit par le préjugé soit par la précipitation. Ce qui conduit ou bien à les rejeter sans nuance avant de savoir ce qu'elles peuvent être, ou bien à les accepter sans nuance également, sans savoir là encore ce qu'elles peuvent être. Le vrai jugement sait ne pas avoir de préjugés et ne pas se précipiter. D'où lui vient cet équilibre? De lui-même. N'est-ce pas là subjectif? Oui, ça l'est. Et tant mieux.

La vertu d'être soi

Quand on est soi, on est réglé sur soi. Et, parce que l'on est réglé sur soi, tout en étant soi, on acquiert le sens de la règle, et par le sens de la règle, celui de l'harmonie. Quand on a donc une conscience personnelle des choses, on acquiert par là même une science* universelle de ces choses, le personnel et l'universel* n'étant pas opposés, mais au contraire inséparables. C'est la raison pour laquelle toutes les grandes découvertes de pensée qui ont eu un retentissement universel ont toujours été faites personnellement. Ainsi, comme l'a fait remarquer Kant (1724-1804), lorsque Thalès (fin VIIe siècle-début VIe siècle av. J.-C.) découvre les mathématiques*, c'est parce qu'il est rentré en lui-même et qu'il a appris à se servir de lui-même. De même, quand, à l'aube des temps modernes, Descartes (1596-1650) pose les fondements* de ce qui va devenir la physique moderne, en appliquant les mathématiques à la nature, c'est encore en rentrant en lui-même, afin d'apprendre à juger des choses par lui-même, qu'il y parvient. Enfin, quand aujourd'hui, nous nous référons à l'idéal démocratique d'un monde respectueux de l'homme, c'est encore vers le jugement que nous nous tournons. Car, à juste titre, on pense qu'il ne peut y avoir de démocratie que fondée sur le jugement. Et ce, parce que juger consistant à juger par soi, juger passe toujours par un acte de relation* de l'homme envers lui-même. En outre, il y a dans le fait de juger le fait important de la critique, qui consiste non pas à voir ce qui ne va pas, mais à discerner la véritable nature des choses. On comprendra dès lors aisément qu'un tel jugement, loin de nous condamner, nous sauve.

« L'acte par excellence de la connaissance réside dans le jugement. Connaître, ce n'est pas se représenter, c'est affirmer ou nier. Quand je dis : la rose est odorante, je ne me borne pas à affirmer qu'il y a entre ces deux termes un rapport vrai, je détermine ce rapport. Je dis qu'il est vrai que la rose est odorante. »
Jules Lagneau, ***Célèbres leçons et fragments.***

Juger des choses consiste non pas à condamner mais à discerner leur vraie nature, grâce à un acte de réflexion.

Les idées nous éloignent-elles du réel ?

On se méfie des « grandes idées » qui paraissent loin du réel. Et si l'on avait tort de ne pas s'apercevoir qu'il n'y a pas de réel sans idée ?

Gare aux idées !

Les tempéraments d'action se méfient des idées*. Avoir des idées, c'est bien, disent-ils, mais les réaliser, c'est encore mieux. Il arrive que l'on soit tenté par le fait de s'évader du concret en remuant de grandes idées. Par exemple, quand on est jeune, il arrive que l'on se réunisse dans les cafés pour refaire le monde en agitant de grandes idées sur le thème : « Il faudrait que. » Souvent, de telles discussions sont non seulement interminables mais vides, quand elles ne dégénèrent pas en prenant des formes délirantes. Ainsi, certaines idées comme celle de « révolution » ont fasciné les foules. Pour le meilleur et pour le pire. Sous la forme d'un mot ou d'une image, elles ont pris possession des individus en agissant parfois comme une drogue. Certains chefs politiques ont bien compris le parti que l'on pouvait tirer des idées. Aussi en ont-ils abusé. En publicité, en économie, partout où il est question de relations humaines, on est à l'affût des idées. On cherche un mot, une image-choc, quelque chose à laquelle personne n'a pensé et qui prendra tout le monde de court. On comprend donc que des penseurs comme Aristote (384-322 av. J.-C.), Guillaume d'Occam (1300-1349) ou Hume (1711-1776), se soient méfiés des idées et qu'ils aient préféré l'expérience*. Ou bien encore que Marx (1818-1883) ait pu dire que ce ne sont pas les idées qui mènent le monde, mais le monde et la vie qui produisent les idées. Il ne faut pas se griser de grandes idées. Et pourtant…

les moyens de la connaissance | le sens de la connaissance

Les idées mènent le monde

Une idée, rappelons-le, est une forme* (en grec *eidos*) qui donne vie à la matière. Cette forme est pour une part inventée par notre esprit, mais pour une autre part, elle est produite indépendamment de celui-ci, comme a tenté de nous le faire comprendre Platon (428-348 av. J.-C.). Les choses sont des idées et pas simplement notre idée. Et ce, parce que c'est la forme qui donne sa réalité à toute chose. Quand donc nous avons une idée des choses, ce sont les choses elles-mêmes qui nous en donnent l'idée. Et c'est la raison pour laquelle nous en avons une idée. Il n'y a donc pas plus concret qu'une idée, ainsi que l'a souligné Alain (1868-1951). De ce fait, si nous sommes éloignés du réel, cela ne provient pas des idées que nous possédons à son sujet, mais bien plutôt du manque d'idées qui nous affecte. En ce sens, si nous discutons à l'infini pour changer le monde, ce n'est pas parce que nous avons des idées, mais parce que nous n'en avons pas. Ainsi, un chercheur qui a trouvé une idée ne discute pas. Il travaille pour exploiter le filon qu'il a découvert. De même, si l'on se grise à propos d'une idée, c'est là encore parce qu'on en est dépourvu. On suit une idée qui traîne dans l'air du temps, faute d'avoir le courage d'en produire soi-même. Et l'on se grise pour oublier et faire oublier son propre vide. L'idée, autrement dit, est bien réelle. Certes, il faut faire un effort pour accéder à l'idée. Sans nous, celle-ci ne surgit pas. Reste qu'il faut se déterminer à l'idée pour laisser l'idée venir à soi. Car c'est toujours ainsi qu'elle vient à nous. Et ce, parce que le réel étant un réel intelligent, l'idée est donnée dans le réel. Aussi n'est-ce pas un hasard* si, en faisant une « réelle » expérience du réel, nous débouchons toujours sur une idée. C'est ce que Spinoza (1632-1677) a voulu dire lorsqu'il a montré que toute idée est idée d'idée. Toute idée nous assure toujours elle-même de sa propre réalité, parce qu'à l'image de la réalité qui se sait réelle, elle se sait être une idée. On sait toujours que l'on a une idée quand on en a une.

« J'entends par monde intelligible, celui de la dialectique même qui, en faisant des hypothèses se donne des tremplins pour s'élever jusqu'au principe universel, lequel ne suppose plus de condition, grâce à quoi il est possible de redescendre jusque vers les conséquences de ce principe saint, sans avoir recours à aucune donnée sensible. »
Platon, *La République*.

Une idée est toujours réelle. C'est elle qui fait surgir le réel.

L'imagination nous fait-elle errer ?

L'imagination peut faire errer et être, comme l'a dit l'âge classique, « maîtresse d'erreur et de fausseté ». Mais ne peut-elle pas aussi être autre chose ?

Les désordres de l'imagination

S'imaginer des choses, c'est voir des choses qui n'existent pas dans ce qui existe, en projetant ses attentes et ses craintes. On comprendra donc que l'on ait tenu (et que l'on tienne encore) l'imagination en suspicion, voire qu'on en dénonce le pouvoir, comme Pascal (1623-1662), qui voyait en elle « la folle du logis », « maîtresse d'erreur et de fausseté ». En quoi il n'a pas tort. Car n'est-il pas inquiétant de voir quelqu'un perdre tout contact avec la réalité en se mettant à voir dans celle-ci ce qu'il désire ou ce qu'il redoute plutôt que ce qui existe ? On s'efforce de lui faire entendre raison. Peine perdue. Ses peurs et ses hantises ont plus de valeur que le réel. En politique, ceux que l'on appelle les « démagogues » l'ont si bien compris qu'ils savent parler à l'imagination de la foule en attisant les désirs et les craintes de celle-ci par le recours à des formules-chocs à très forte charge émotionnelle. Cela dit, Pascal, pourtant fort sévère à l'égard de l'imagination, n'en a pas moins été celui qui a fait remarquer que rien ne se fait dans le monde sans imagination.

L'ordre de l'imagination

Entre les hommes, en effet, règne une distance, chacun étant un inconnu ou presque pour l'autre. Entre les hommes et la nature règne également une distance, la nature nous échappant en grande partie. Entre nous et l'avenir enfin, là encore demeure une distance, l'avenir étant imprévisible. Comment, dans ces conditions, combler la distance qui nous sépare des autres, de la nature et de l'avenir ? Il n'existe qu'un recours : l'imagination. Pourquoi ? Parce que c'est en imaginant ce que l'autre peut être que l'on va peu à peu combler la distance qui nous sépare de lui. Parce que c'est en personnalisant la nature que la connaissance de celle-ci a commencé et commence encore. Parce que c'est en imaginant l'avenir qu'on le fait advenir. L'imagination est une passerelle entre nous et les autres, nous et la nature, nous et l'avenir. Elle imagine une ressemblance et, ainsi, elle crée un lien. Kant (1724-1804) a dit à propos de l'imagination qu'elle est la médiation qui relie la sensibilité au concept* grâce à une synthèse* opérée sur le temps. Il y a là beaucoup de justesse. Autour de nous, la vie s'écoule comme un fleuve. Nous parvenons à nous en faire une représentation dès lors que nous sommes en mesure de faire surgir un peu d'ordre et d'organisation dans cet écoulement, grâce à un concept. Ce qui demande un certain art. L'art de savoir re-présenter – au sens de présenter à nouveau –, et donc de jouer à nouveau, ce qui a déjà été présent une fois. Le bon historien, par la manière qu'il a de raconter ce qui s'est passé, rend le passé à nouveau présent. Grâce à lui, on s'imagine ce qui n'est plus. Et loin d'être dans l'irréel, on accède au réel. On a là le pouvoir positif de l'imagination, qui consiste à pouvoir rendre la réalité présente à nos consciences. Ne faut-il pas, dès lors, en conclure que l'imagination non seulement fait partie du réel, mais est au cœur de celui-ci ? C'est la question que s'est posée Bergson (1859-1941), en se demandant si la réalité n'est pas une grande imagination à l'œuvre, parce qu'elle est une réalité en attente de s'accomplir ?

« L'imagination travaille continuellement à boucher les trous par où pourrait passer la grâce. Tout vide non accepté produit de la haine, de l'aigreur, de l'amertume, de la rancune. Le mal que l'on souhaite à ce que l'on hait et que l'on imagine s'efforce alors de rétablir l'équilibre. »
Simone Weil, *La Pesanteur et la grâce*, 1947.

L'imagination nous aide à entrer dans le réel, au lieu de nous en éloigner, en nous aidant à nous le représenter.

Le déterminisme nous empêche-t-il d'être libres ?

Ce qui nous entoure nous conditionne et ne nous permet pas de faire ce que nous voulons. Mais n'est-ce pas cela qui nous permet aussi d'être réels ?

Une liberté illusoire

L'heure est à l'individualisme. On aspire à être soi. On aspire donc à pouvoir choisir partout, tout le temps. Mais on se heurte à deux difficultés. D'abord, qui choisit quand on choisit ? On parle d'avoir envie de manger, de boire ou de dormir ? Mais a-t-on envie de tout cela ou besoin de tout cela ? Pourquoi ne pas appeler cette envie besoin au lieu d'appeler ce besoin envie ? N'est-ce pas pour garder l'impression illusoire que nous sommes libres alors que nous ne le sommes pas ? En outre, certes, être libre consiste à choisir, mais que veut dire choisir ? Ne faut-il pas distinguer un choix qui est fondamental et qui relève de la responsabilité, et un choix superficiel qui relève de la fantaisie et du caprice ? Il y a un choix qui fait de chacun de nous un héros ou un saint et qui consiste à s'engager avec profondeur dans l'existence*. L'individualisme contemporain a tendance à nous le faire oublier en entendant par choix le fait de pouvoir tout choisir

« Le sauvage vit en lui-même, l'homme sociable toujours hors de lui ne fait que vivre dans l'opinion des autres et c'est, pour ainsi dire, de leur seul jugement qu'il tire le sentiment de sa propre existence. Il n'est pas de mon sujet de montrer comment tout est factice et joué, comment demandant toujours aux autres ce que nous sommes sans oser nous interroger nous-mêmes, au milieu de tant de philosophie, de politesse et de maximes, nous avons de l'honneur sans vertu, du plaisir sans bonheur et de la raison sans sagesse. »
Rousseau, *Discours sur l'origine et les fondements de l'inégalité parmi les hommes*, 1755.

comme bon nous semble. Choisissons-nous vraiment l'idée* que nous nous faisons du choix, quand nous pensons que choisir consiste à faire ce qui nous plaît ?

Une liberté réelle

Spinoza (1632-1677) a donc eu raison de souligner que l'on se croit libre, alors qu'on ne l'est pas. Jamais nous ne sommes moins libres que quand nous croyons l'être. D'où ce paradoxe : quand notre liberté n'est qu'une illusion consistant à nous croire libres, c'est en renonçant à toute illusion quant à notre liberté que nous devenons vraiment libres. Ainsi, nous devenons libres en découvrant que les choses ne se font jamais par hasard*. Une décision, par exemple, est toujours liée à des événements, une situation, une histoire. C'est pour cela qu'elle n'est pas aveugle. La gratuité n'existe pas. Le réel a du sens. Le déterminisme* s'est appliqué à le rappeler à travers ses trois principes fondamentaux : pas de hasard, pas de fatalité, pas de saut (en latin : *nec casus, nec fatum, nec saltus*). Est-ce à dire que nous n'avons aucune marge de manœuvre ? Certains le pensent. En quoi ils se trompent sur deux points. Pour être déterminés, nous n'en sommes pas moins libres, et ceux qui parlent du déterminisme en sont la preuve. Pour se savoir déterminé, encore faut-il ne pas l'être complètement. Car, pour savoir que ce n'est pas moi qui agis dans telle ou telle circonstance, encore faut-il que je sois moi. Le déterminisme est déterminé. Par la conscience. Sans quoi, il n'existerait pas. En outre, le vrai sens du déterminisme consiste non pas à affaiblir notre liberté, mais à la renforcer. Car, à quoi nous sert-il de savoir que nous sommes déterminés, sinon à prendre conscience de notre moi véritable ? Chacun de nous a un moi véritable qui parle authentiquement, quand il parle. Il arrive cependant trop fréquemment que ce ne soit pas ce moi qui parle, mais une personnalité extérieure, dictée par les circonstances ou la pression environnante. Le savoir* permet de redécouvrir quelle est la personne en nous qui parle vraiment.

Le vrai déterminisme ne consiste pas à réduire l'homme, mais à lui enseigner qui il est véritablement et qui parle en lui, quand il parle.

Donner son opinion, est-ce une preuve de caractère ?

L'opinion qui exprime l'engagement d'une volonté est une marque de caractère. N'y a-t-il pas toutefois un danger de l'opinion ?

L'opinion comme volonté

Dans l'opinion*, on trouve deux choses: le fait de dire et ce que l'on dit. Le fait de dire est lié à l'engagement personnel. Le verbe « opiner » en est la traduction, puisqu'il signifie bouger la tête de façon à montrer son approbation. On opine. On ne reste pas indifférent. On dit quelque chose au lieu de ne rien dire, comme ces gens sans opinion qui, au fond, ne disent rien, parce qu'ils sont sourdement contre, sans oser le dire. À cet égard, donner son opinion est un geste positif et même nécessaire. Si personne n'exprimait jamais rien sur quoi que ce soit, comment avancerait-on, en particulier dans la vie en commun ? Pour vivre ensemble et aller quelque part, il faut bien prendre des décisions et avoir une opinion. Toute la démocratie qui tend vers la participation active des citoyens à leur propre destinée se fonde sur l'opinion. En ce sens, l'opinion est liée à un engagement responsable. Reste que celle-ci a une autre face.

L'opinion comme rumeur

L'opinion a un versant passif, en étant cette pensée qui se pense toute seule, que personne ne pense en particulier, mais que tout le monde laisse penser à sa place. Ainsi, on parle à juste titre de l'opinion courante. Car elle court, l'opinion. Comme la rumeur. Parce qu'elle est rumeur. Pour

Spinoza (1632-1677), le ouï-dire était le plus bas degré de la connaissance. Cela reste vrai. Ne dit-on pas qu'il faut se méfier des on-dit ? On entend parler de ceci ou de cela. On répercute ce bruit. Sans vérifier. On devient de ce fait l'agent de la rumeur existante. Ce n'est pas nous qui avons parlé. Nous avons été parlés. Nous nous sommes laissés faire par le bruit qui court, afin de paraître intéressants aux yeux d'autrui. Nous avons voulu paraître en savoir plus que tout le monde pour étonner et séduire tout le monde. La rumeur se nourrit des passions humaines. À partir d'une indiscrétion gonflée par l'imagination, elle a l'art de s'emparer d'une société. On comprendra donc que Platon (428-348 av. J.-C.) n'ait cessé de critiquer l'opinion et que, près de vingt-quatre siècles après lui, Heidegger (1889-1976) ait critiqué ce qu'il a appelé le « on ». Il y a en effet deux rapports possibles à la parole. Le premier consiste à obéir au mimétisme collectif de la mode en répétant ce que tout le monde dit ou veut qu'on lui dise. Il s'agit là d'une attitude de fuite à l'égard de soi-même. On a peur d'être seul. On se réfugie pour cela dans le groupe en laissant parler ses passions. Le second rapport à la parole consiste, lui, à tourner le dos à cette fuite, en entreprenant une réflexion sur ce que parler veut dire. Les mots ont un sens profond, créateur et libre. Pour peu que l'on fasse attention à ce que l'on dit et, en particulier, que l'on rompe avec l'opinion qui parle toute seule en nous comme autour de nous, afin de laisser parler la personne véritable qu'il y a en nous. Socrate (470-399 av. J.-C.) n'a cessé de questionner son entourage, afin que ses interlocuteurs prennent conscience d'eux-mêmes et parlent en hommes véritables. Il a appelé cet art du questionnement l'art d'accoucher les âmes (maïeutique). Toute l'Antiquité à sa suite a célébré la vertu du langage ou *logos*. Ce qui est naturel. Quand l'homme accède au *logos*, c'est-à-dire à la parole véritable, c'est alors qu'il est pleinement un homme.

« Chacun a pu remarquer, au sujet des opinions communes, que chacun les subit et que personne ne les forme. Chacun a bien peut-être une opinion, mais c'est à peine s'il se la formule à lui-même. Car il rougit à la seule idée qu'il pourrait être le seul à être de son avis. »
Alain, *Propos*, 1908-1919.

L'opinion devient dangereuse quand elle cesse d'être un avis né d'un engagement personnel pour devenir un bruit qui court tout seul et que l'on répercute.

Ne pas se contredire, est-ce un signe de rigueur ?

La contradiction peut être le signe d'une incohérence. Mais n'y a-t-il pas une portée positive de la contradiction ?

« Les hommes demeurent incapables de comprendre le **logos**, *tant avant de l'avoir entendu qu'après l'avoir entendu. Car, bien que tout arrive selon le* **logos**, *ils demeurent ignorants à son égard, dans la façon qu'ils peuvent avoir de décrire la nature point par point en prétendant expliquer ce qu'elle est. Tout comme ils ignorent ce qu'ils font en dormant, à l'état de veille, ils agissent comme s'ils dormaient. »*
Héraclite, ***Fragments.***

La force de la rigueur logique

Il est toujours déconcertant de voir quelqu'un se contredire. Car, s'il se contredit, sait-il ce qu'il veut ? Sait-il même ce qu'il dit ? N'est-il pas le jouet de ses désirs, faute de volonté ? À moins qu'il ne joue avec les autres par perversité ? Contrôle-t-il ce qu'il dit ? À moins qu'il ne mente ? Le manque de logique* nous projette toujours dans un monde où nous sommes joués ou joueurs. Dans tous les cas, que ce monde se joue de nous ou que nous jouions avec lui, il y a jeu, et derrière ce jeu, un esclave qui subit ou un tyran qui fait subir. C'est la raison pour laquelle il y a une éthique de la rigueur logique. Le fait de ne pas se contredire en recourant au principe d'identité a = a, qui est le principe fondateur de la logique, est une marque de rigueur envers soi comme à l'égard d'autrui. Envers soi, ce principe traduit un désir de conscience. On ne veut pas être le jouet de la réalité. Donc, on s'attache à être fidèle à une chose et à une seule. Et, de ce fait, on déjoue ce qui se joue de nous en lui résistant. On ne veut pas non plus jouer avec autrui. Donc, on s'engage à dire une chose et une seule, en restant fidèle à sa parole. On devient de ce fait crédible. L'autre sait à quoi s'en tenir. On ne varie pas continuellement. Cela dit, il existe une portée positive de la contradiction.

La rigueur de la contemplation

Ne jamais se contredire peut être inquiétant. Quand, par exemple, on change d'opinion, ce n'est pas simplement parce que l'on est versatile, c'est aussi parce

que l'on s'est rendu compte que l'on s'est trompé. Au lieu de continuer son propre discours d'une façon aveugle, on se laisse contredire par la vérité*. Au lieu d'agir en tyran borné, on se laisse transformer. En ce sens, la contradiction ne doit pas simplement être envisagée comme un défaut de logique. En étant ce qui parle à l'encontre de telle ou telle parole, elle est de l'ordre de ce que les Anciens appelaient le *logos* qui veut dire la parole au sens fort de ce terme. Le *logos*, rappelons-le, est l'aspect étonnant de la vie comme de l'homme. La vie n'est pas muette. Elle est pleine de sens. Du fait même qu'elle est. Or, qu'est-ce qu'être, sinon le fait d'être si vivant et si présent que tout devient parlant? Il en va de même pour l'homme. Quand il est plein de présence, il est parlant. C'est cet être* parlant qui est sa vérité. Nous devrions toujours être cet homme-là. Il arrive qu'on ne le soit pas. Car nous sommes absents. Superficiels. Nous parlons, du coup, à tort et à travers. Par éclairs cependant, nous pressentons que nous pourrions être autre chose. Car la personne véritable se met à parler en nous en contredisant le personnage superficiel que nous sommes devenus. C'est là le signe qu'une contradiction peut être heureuse. Dans le *Phèdre* de Platon (428-348 av. J.-C.), nous en avons un exemple manifeste. Socrate (470-399 av. J.-C.) tient un discours pessimiste et négatif sur l'amour. Soudain, il se reprend et se contredit. Il fait apparaître la face positive de l'amour. Cette contradiction est créatrice. Hegel (1770-1831) a vu dans la contradiction le moteur de l'histoire. Car l'histoire est l'incessant bouleversement de l'esprit qui se cherche à travers le temps pour se trouver.

La contradiction, quand elle n'est pas un manque de logique, traduit la lutte de la profondeur pour exister dans un monde souvent superficiel.

Faut-il ne jamais céder à l'évidence ?

On dit que l'évidence est trompeuse et qu'il faut douter. Peut-être. Mais de quelle évidence parle-t-on ?

Trop clair pour être clair

On se méfie de l'évidence. On n'a pas tort. Nous avons l'habitude de percevoir le monde de notre point de vue d'homme. Certes, ce que nous percevons n'est pas faux. Mais comment ne pas voir qu'il y a là quelque chose qui nous cache la perception que nous pouvons avoir de la réalité ? Notre point de vue n'est-il pas qu'un point de vue possible parmi d'autres ? Pourquoi le convertir en absolu ? Ne s'agit-il pas là d'une tendance destinée davantage à nous rassurer qu'à nous faire connaître la réalité du monde qui nous entoure ? En outre, on n'a pas tort de souligner avec humour que certaines sont trop claires pour l'être vraiment. Un flatteur qui veut nous séduire nous couvre de compliments, jusqu'au moment où nous nous rendons compte de la supercherie. Pour nous séduire nous-mêmes, n'avons-nous pas la tentation de tout enjoliver ? Il existe une plaisanterie juive qui dit : pourquoi faire simple quand on peut faire compliqué ? L'esprit est le même. Aussi comprend-on que Gaston Bachelard (1884-1962) ait pu dire qu'il n'y a pas de vérités premières, mais seulement des erreurs premières, et qu'en science*, la vérité* ne réside pas tant dans ce que l'on pense que dans ce que l'on aurait dû penser. L'esprit est esprit quand il se tient en éveil. Méfions-nous quand il est trop sage. Souvent, c'est qu'il s'est endormi. Tout va bien en apparence*, mais en profondeur, rien ne va plus. Car il n'y a plus d'esprit. Celui-ci est parti avec les premières certitudes. Cela condamne-t-il l'évidence ? Non.

« "Ne recevoir jamais une chose pour vraie que je ne la connusse évidemment être telle." L'évidence est le signe de la vérité. Quand une idée se présente à l'esprit comme évidente, quand elle porte avec elle toute la lumière du vrai, il est impossible que l'esprit lui refuse son assentiment, et il n'est pas concevable que l'on puisse remettre en doute la légitimité de l'adhésion qu'il lui donne ainsi. »
Jules Lagneau, *Célèbres leçons et fragments.*

L'évidence comme méthode

Quand on pense, on sait que l'on pense et que c'est nous qui pensons. Car penser c'est voir ce que l'on pense comme le fait que c'est nous qui pensons. Si tel n'était pas le cas, on ne pourrait pas penser. Car, ne pouvant pas voir ce que l'on pense, on ne pourrait pas déceler nos erreurs. N'ayant pas non plus de rapport à nous dans la pensée, la pensée demeurerait extérieure, et donc non pensée et non pensante. En ce sens, l'évidence est nécessaire. Car, dans l'esprit, elle est la lumière de l'esprit. Ce côté lumineux de l'esprit nous ramène toujours à la clarté de l'évidence. Descartes (1596-1650), qui nous a enseigné le doute, n'a jamais récusé l'évidence. Au contraire, il a douté pour nous inciter à revenir à l'évidence. L'esprit devrait toujours être dans la clarté. Il ne l'est pas toujours, tant il se laisse abuser par de fausses lumières. Aussi importe-t-il de douter, pour revenir à cette clarté première. On n'accède pas à l'évidence sans avoir fait l'épreuve du doute*. Aussi, la leçon de Bachelard demeure-t-elle toujours vivante. Mais, sans évidence, le doute devient vide. Il devient un manque pathologique de confiance en soi, quand il ne devient pas une remise en question totalement stérile et destructrice. C'est pourquoi la leçon de Descartes demeure-t-elle, elle aussi, vivante. En fait, l'évidence a du sens tant qu'elle est une méthode, pour maintenir l'esprit en éveil et l'inciter à ne pas donner son adhésion tant qu'il n'a pas fait l'expérience* de l'évidence. Dès qu'elle cesse de devenir une méthode pour prendre la forme d'un fait acquis, sa clarté se mue en obscurité.

L'évidence est pertinente, tant qu'elle est une méthode destinée à inciter l'esprit à voir le monde de l'intérieur

Faut-il se féliciter de ne croire en rien ?

Être crédule est une chose dangereuse. Cela veut-il pour autant dire qu'il faut condamner une fois pour toutes le fait de croire ?

« Il faut savoir douter où il faut, assurer où il faut en se soumettant où il faut. Qui ne fait ainsi n'entend pas la voix de la raison. Il y en a qui faillent contre ces trois principes, ou en assurant tout comme démonstratif, manque de se connaître en démonstration, ou en doutant de tout, manque de savoir où il faut se soumettre, ou en se soumettant en tout, manque de savoir où il faut juger. »
Pascal, *Pensées*, 1670.

La crédulité dangereuse

La crédulité est une chose dangereuse et l'on a raison de rappeler qu'il ne faut pas croire tout ce que l'on raconte. Le monde est plein de rumeurs et de fausses informations nées de nos peurs et de nos engouements excessifs, quand elles ne sont pas le produit de la malignité toujours habile à semer toutes sortes de faux bruits afin de pouvoir ensuite mener les esprits à sa guise. Si l'on ne doute pas de ce qui se dit et, surtout, si l'on ne vérifie pas ce qui se dit, on devient vite le jouet inconscient des passions, voire le complice docile d'un système de manipulations. Est-ce à dire pour autant qu'il ne faut croire en rien et douter en permanence de tout ? Certains le pensent. En quoi ils se trompent.

Ce que croire veut dire

Pratiquement, un doute* qui devient systématique cesse d'être un doute pour devenir de la méfiance. Et une méfiance qui vient à s'installer finit vite par rendre la vie en commun proprement insupportable. Méfions-nous sans cesse les uns des autres, nous finissons par regarder les autres de travers en voyant en eux des ennemis potentiels. Du coup, aucune action n'est possible. Aucune construction en commun dans l'avenir non plus. Les dictatures et les régimes totalitaires ont toujours utilisé la méfiance comme instrument de domination. Pour être sûrs de dominer les esprits et de les conduire à adhérer à leurs idéaux politiques, ils ont toujours installé un climat de délation généralisée en montant tout le monde contre tout le monde. Car, et il s'agit là d'un paradoxe, quand tout le monde se méfie de tout le monde, jamais la crédulité n'est aussi grande. Jamais, de plus, on ne devient autant perméable à toutes sortes de manipulations. Pourquoi ? Essentiellement parce que celui qui se met à douter de quelqu'un d'autre se met toujours à douter davantage de celui qui l'incite ainsi à douter de quelqu'un d'autre. Les pouvoirs qui veulent asseoir leur domination l'ont compris. C'est la raison pour laquelle ils utilisent la méfiance en désignant un ennemi dont il faut douter. Pendant que tout le monde se met à se méfier de tel ou tel ennemi désigné par un doigt accusateur, personne ne songe à se méfier du doigt qui accuse. D'une façon générale, on a d'autant plus tendance à croire en tout et n'importe quoi, qu'on ne croit en rien. Les désespérés, on le rappelle avec raison, n'ont rien à perdre. De ce fait, ce sont eux qui ont tendance à se lancer dans les entreprises les plus folles. Puisque, pour eux, l'illusion ou la vérité* reviennent au même, au fond qu'importe de se lancer tête baissée dans l'illusion. C'est même beaucoup plus amusant, puisqu'il s'agit d'une illusion. En ce sens, il y a une vérité de la foi qui distingue celle-ci de la crédulité. Avoir la foi consiste en effet à adhérer à l'idée que tout ne bascule pas au bout du compte dans le néant. Il y a dans toute foi beaucoup plus de foi qu'on ne le pense, puisque toute foi est au fond un geste fondamental consistant à rejeter le néant et le désespoir. On a donc toujours raison de rappeler que la foi sauve et qu'elle illumine. La vie n'est pas vaine. Et c'est en résistant au désespoir qu'on le découvre.

La foi n'est pas une illusion mais une résistance au désespoir qui nous rend intelligents.

Est-il judicieux de tout vouloir essayer ?

Il faut être ouvert et curieux d'esprit en s'essayant à la diversité des choses. Mais jusqu'où est-il possible de le faire ?

Un terme à double sens

Le terme essayer veut dire deux choses. Essayer veut dire d'une part vérifier. Essayer veut dire d'autre part tenter. D'où la contradiction qui traverse le fait d'essayer. Car, d'un côté, rien n'est plus opposé au fait de tenter que celui de vérifier. C'est l'ignorant qui ne vérifie pas. Emporté par sa jeunesse d'esprit et surtout par sa présomption, il se précipite. Il ne fait pas attention. Il donne tout de suite son adhésion à quelqu'un ou à une entreprise. Il s'imagine que tout va lui tomber du ciel directement dans la main. Car il a une très haute idée de lui-même. Il pense que, parce qu'il est lui, rien ne pourra lui résister. La vie se charge de rappeler les imprudents à l'ordre en leur enseignant à aller contre eux-mêmes ainsi que contre leurs premiers élans. Il faut, en ce sens, vérifier, et pour cela essayer les choses en les mettant à l'épreuve pour, au bout du compte, se mettre soi-même à l'épreuve de soi-même. Alors notre adhésion prend un sens. Et prenant un sens, nous découvrons la voie qui va de nous à la réalité. Il faut cependant aussi tenter. Ce qui ne va pas de soi non plus. Car rien n'est plus opposé au fait de vérifier que celui de tenter. Ce sont le peureux et le frileux qui ne tentent rien. Ils se méfient de tout. Ils voudraient pouvoir ne jamais courir aucun risque, pour ne jamais avoir à donner quoi que ce soit d'eux-mêmes. Ils sont donc pleins de préjugés, parce que toujours, à propos de tout, ils imagi-

nent ce qui pourrait ne pas aller. La vie se charge là aussi de rappeler les peureux à l'ordre en leur enseignant à aller contre eux-mêmes. Il faut tenter. Ne pas toujours tout vouloir vérifier. Il faut oser éprouver les choses en les vivant et pas simplement les mettre à l'épreuve en voulant les contrôler. Cela contredit-il le fait d'être sage et prudent? Nullement. Car, aussi paradoxal que cela puisse paraître, essayer au sens de vérifier et essayer au sens de tenter ne sont pas tant les deux termes d'une contradiction que les deux faces d'une même médaille qui est celle de l'esprit.

« Un peu d'attention suffit à multiplier les différences entre la censure et la surveillance. Il faut séparer les principes plus intellectuels de la surveillance d'une part de ceux plus volontaires de la censure d'autre part. Cela nous permettra de détendre le caractère absolu des censures au profit de la relativité des surveillances. »
Gaston Bachelard, *Le Rationalisme appliqué*, 1948.

Ce que chercher veut dire

Descartes (1596-1650), dans ses *Méditations métaphysiques*, n'a pas opposé le préjugé à la précipitation. Il a opposé le préjugé et la précipitation à la pensée. Ce qui est perspicace. Car c'est au fond le même homme qui est imprudent d'une part et peureux d'autre part. Le présomptueux qui pense pouvoir tout essayer essaie tout, parce qu'il se dit que, d'une manière ou d'une autre, rien ne lui coûtera. Il trouvera toujours un moyen pour ne pas payer de sa personne. Et, de son côté, l'avare qui ne débourse rien est au fond un présomptueux. S'il ne prend aucun risque, c'est parce qu'il a une très haute idée de sa personne, qu'il entend préserver. Autrement dit, le moi qui se fait une trop haute opinion de lui-même tombe toujours à la fois dans le préjugé et la précipitation, qui sont les formes habituelles de pensée de celui qui ne pense pas et qui n'est pas sage. À ce titre, tout ce qu'il fait renvoie à un essai manqué et débouche sur ce que l'on peut appeler l'« homme approximatif». En revanche, le moi du sage qui sait régler sa conduite, renvoie à un essai réussi. C'est le moi de l'homme qui, s'essayant sans cesse à la vie, trouve dans cet essai même sagesse et audace à la fois. Car c'est un moi qui n'hésite pas à s'essayer lui-même, à la différence des imprudents et des frileux qui, au fond, ne se mettent jamais à l'épreuve.

Le sage qui fait l'essai de lui-même y trouve la sagesse et l'audace qui lui ouvrent les chemins de la vie.

Est-il vrai que rien ne vaut l'expérience ?

L'expérience ajoute quelque chose d'inédit et donc d'essentiel à la théorie. Est-ce à dire que l'on puisse se passer de l'expérience ?

Le sens de l'expérience

L'expérience* renvoie à deux choses. À la confrontation avec la réalité. À la longue pratique de quelque chose. D'où la double sagesse émanant de l'expérience. D'abord, s'agissant de nos rapports avec la réalité. La réalité est quelque chose de concret, au sens où l'on ne peut pas la connaître avant de l'avoir rencontrée. On ne peut pas l'anticiper, la saisir *a priori* *, dira Kant (1724-1804). Il y a en elle quelque chose d'imprévisible, qui ne se laisse saisir que quand on va à sa rencontre personnellement, quasiment charnellement. Il faut d'autant plus le faire que la réalité est mouvante, variable, multiple. Si bien qu'il est trompeur de croire connaître le réel en s'en faisant une idée* non seulement à distance, mais une fois pour toutes. Gardons-nous, là encore, de l'*a priori*. On court le risque de schématiser, de réduire, donc de caricaturer. Ce qui conduit à se tromper et à tromper les autres. Il faut donc, là encore, être présent en personne. Aller voir par soi-même. Comprendre qu'on ne comprend pas une fois pour toutes. Car il ne faut pas cesser de chercher, tant il y a à découvrir. Tant la réalité est dense, riche et pleine de surprises. Ceux qui nous l'enseignent sont ceux qu'on appelle des originaux. Ils nous demandent de voir et d'aller voir. Car, pensent-ils, on n'a encore rien vu. Tant la réalité est étonnante, foisonnante, exubérante, voire un peu folle. Par ailleurs, au-delà de son rapport à la découverte, l'expérience a un rapport à la pratique. Il faut en effet de l'expérience sous la forme d'une longue pratique, pour savoir. C'est en vivant les choses, les êtres, les situa-

« Chacun des hommes s'avance tous les jours dans les sciences et tous les hommes ensemble y font un continuel progrès à mesure que l'univers vieillit, de sorte que toute la suite des hommes pendant le cours des siècles doit être considérée comme un même homme qui subsiste toujours et qui apprend continuellement. »
Pascal, *Pensées*, 1670.

tions, que l'on finit par savoir ce qu'ils sont. La vie se dévoile en vivant. Elle se donne à ceux qui se donnent à elle de l'intérieur. D'où la générosité liée à l'expérience. On ne prend pas sans donner. En restant à distance. On prend avec des risques, en sortant de soi. En ce sens, la connaissance implique toujours un risque. Elle est toujours une aventure. Parce que le réel est riche et que dans sa richesse il donne beaucoup, il faut aussi donner de soi. Et c'est par ce don contre don que l'on communique avec lui. C'est ce que veut dire l'expérience. On ne le comprend pas toujours. C'est pourquoi il y a des erreurs.

Théorie et expérience

On a tort d'opposer souvent l'expérience à l'idée. Car, faire une expérience, ce n'est pas cesser d'avoir des idées. C'est au contraire augmenter ses idées grâce aux expériences que l'on peut imaginer. Car c'est bien là le paradoxe : l'expérience est davantage une idée à contre-courant qu'une absence d'idée. De par le simple fait d'être l'idée d'un réel riche et imprévisible, l'expérience n'existe pas indépendamment d'une idée. En outre, l'idée qu'il importe de connaître le réel en personne n'est, elle aussi, qu'une idée. Car, qu'est-ce que dire qu'il faut aller connaître le réel en personne, sinon l'idée que tout se gagne personnellement, parce que tout est échange et, derrière l'échange, tout est communication ? N'opposons donc pas idée et expérience. L'idée a besoin d'une expérience pour s' augmenter comme idée. Et l'expérience se fonde toujours sur une idée originale de la vie. Il faut être original et ne pas cesser de l'être, car le réel est étonnant. C'est le message que lance toute vraie expérience, comme toute véritable idée.

L'expérience consiste à sortir de soi pour aller voir en personne ce qu'est la réalité et avoir une longue pratique de celle-ci afin d'en faire ressortir toute l'originalité.

Les faits parlent-ils vraiment d'eux-mêmes ?

On invoque souvent les faits en se servant d'eux comme de preuves. Mais, au fait, les faits sont-ils des preuves ?

Le dogmatisme des faits

« On ne peut pas nier les faits, quand même ! » s'exclame celui qui cherche à convaincre, en avançant, pour appuyer ses dires, tel crime que ses adversaires ont perpétré ou telle réalisation que les partisans de ses idées ont mise en œuvre. Eh bien si ! Il faut nier les faits et rappeler qu'un fait n'a jamais rien prouvé et ne prouvera jamais rien. Car le fait est une chose et la raison en est une autre. Prenons une discussion, par exemple, au sujet de la religion ou de la politique. Si l'on veut démontrer que notre adversaire a tort, on trouvera toujours un fait religieux ou politique allant dans le sens de ce que l'on veut démontrer, soit pour appuyer une conviction personnelle, soit pour infirmer une thèse adverse. Est-ce à dire qu'on a raison pour autant ? Non. D'abord, parce que le fait est de l'ordre du détail particulier et non du concept*. Ensuite, parce qu'on juge une pensée par une pensée et non par un fait. Ainsi, tel homme religieux agit mal ou tel homme politique n'est pas honnête. Cela ne remet pas pour autant en cause telle doctrine religieuse ou telle idée* politique. On ne juge pas, qu'on sache, la théorie scientifique d'un savant d'après le comportement de celui-ci avec ses collègues de laboratoire. Pourquoi, dès qu'il s'agit de religion ou de politique, le fait-on ? Une religion peut être mal servie par ceux qui prétendent la servir. Une idée politique aussi. La trahison existe. La faiblesse humaine aussi. C'est là un aspect tragique de la condition humaine, qui n'est pas toujours à la hauteur de ses propres idéaux. Va-t-il falloir attendre

« Déjà l'observation a besoin d'un corps de précautions qui conduisent à réfléchir avant de regarder, qui réforment du moins la première vision, de sorte que ce n'est jamais la première observation qui est la bonne. L'observation scientifique est toujours une observation polémique ; elle confirme ou infirme une thèse antérieure, un schéma préalable, un plan d'observation ; elle montre en démontrant ; elle hiérarchise les apparences ; elle transcende l'immédiat ; elle reconstruit le réel après avoir reconstruit ses schémas. »
Gaston Bachelard, *La Philosophie du non*.

que toute l'humanité soit honnête pour avoir des idéaux? Comment ne pas voir qu'un idéal a du sens pour faire s'épanouir une humanité qui en manque? L'humanité n'est pas idéale? Raison de plus pour avoir des idées en les opposant aux faits, au lieu de détruire les idées au nom des faits. La haine de la pensée existe. Bien souvent, elle s'insinue derrière les faits pour détruire les idées. C'est la raison pour laquelle il faut se méfier du dogmatisme des faits, qui recourt à ce qui ne pensent pas afin de juger ce qui pense.

Du fait à la pensée

Les faits sont faits pour être jugés et interprétés. C'est le principe même de toute justice. Et les idées sont faites pour juger et interpréter. Juger les faits d'après les idées, c'est aller dans le sens de la conscience. Juger les idées d'après les faits, c'est aller dans le sens de l'inconscience. Il faut répondre à un raisonnement. D'autant qu'un fait est le produit d'un raisonnement. Car un fait est toujours constitué. Il n'existe jamais en tant que tel. Le journalisme comme l'histoire en sont la preuve. Parmi l'ensemble des faits qui se présentent, ils choisissent toujours celui qui est significatif. Les faits se mettent à parler pourvu qu'on les interroge. Ils ne parlent pas d'eux-mêmes. La justice le sait. C'est pour cela qu'elle ne se contente jamais des aveux. Elle veut toujours un mobile. Car elle veut pouvoir comprendre, pour juger en toute connaissance de cause et, ce faisant, pour défendre le fait de juger. La logique* doit en tout précéder le réel. C'est là le fondement* de toute conscience du réel. Que ce principe soit oublié et c'en est fait de la conscience. On peut lui dire adieu et, avec elle, adieu à la justice. L'esprit est défait. Par les faits.

Les faits n'existent pas en tant que tels. Ils sont toujours construits par une pensée qui choisit dans le réel ce qui lui paraît significatif.

Le rêve n'a-t-il vraiment rien à nous apprendre ?

Le rêve ne fait pas songer à la pensée. Pourtant, rêver, n'est-ce pas déjà un peu penser ?

La vie cachée du sommeil

De quelqu'un qui n'a pas le sens de la réalité, on dit qu'il rêve. De quelqu'un qui est ailleurs que dans la réalité, on dit qu'il rêvasse. Aussi le rêve est-il rejeté comme étant un signe d'inconscience et d'absence. Sans compter que les rêves que nous faisons la nuit sont si étrangement façonnés qu'ils laissent derrière eux une traîne d'obscurité. Raison supplémentaire pour les congédier hors de notre savoir*. Ce qui est regrettable. Car, si le rêve n'existait pas, le réel n'existerait pas non plus. L'opposition entre rêve et réalité, en effet, n'est pas si radicale qu'on le pense. S'il est vrai que la veille est du côté de la présence et le sommeil du côté de l'absence, il importe d'apercevoir que, pour être réveillé, il faut mettre certaines choses en sommeil. Comme le fait de dormir ou de paresser. Sinon, on n'est pas éveillé. D'où ce paradoxe : on est éveillé, conscient, volontaire, parce que l'on fait sommeiller en nous tout ce qui s'oppose à cette action d'éveil. Quand, de ce fait, une partie de nous est éveillée, c'est parce qu'une autre partie de nous dort. À l'inverse, pour dormir, il importe d'éveiller certaines fonctions. Comme celle du repos et de la détente. Si l'on n'éveille pas en nous le fait de se laisser aller au sommeil, on ne dormira pas. D'où cet autre paradoxe. On dort parce que l'on est éveillé et qu'on laisse s'éveiller toute

une partie de nous-mêmes. Il est donc erroné de penser que veille et sommeil s'opposent. On dort tout le temps, comme on est tout le temps éveillé. Sommeil et veille sont davantage des rapports que des choses, et des actions que des états, et ce, à travers soit un acte de refoulement soit un acte de défoulement. On comprendra dès lors que Schopenhauer (1788-1860) ait pu dire que le sommeil est le noyau de notre existence*. Car, lorsque l'on se repose, comment ne pas voir que l'on pratique un éveil à l'égard de tout un monde enfoui? Le monde de tout ce qui est profond, le côté fondamental du repos renvoyant au sens de reposer sur. Un fondement* ne repose-t-il pas sur lui-même? En se reposant, on communique avec ce qui fonde. Les bons vins se fabriquent avec beaucoup de repos. Les belles vies sont les vies qui savent reposer en elles-mêmes. Comme les grands vins.

« Quel pur travail de fins éclairs consume
Maint diamant d'imperceptible écume,
Et quelle paix semble se concevoir !
Quand sur l'abîme un soleil se repose,
Ouvrages purs d'une éternelle cause,
Le temps scintille et le Songe est savoir. »
Paul Valéry.

« L'homme qui pense est un sage
L'homme qui songe est un dieu. »
Hölderlin.

La vie cachée du rêve

Le sommeil est une action. Le rêve aussi. À ne pas confondre avec le fait de rêvasser. Quand on rêvasse, on ne dort pas assez. On ne fait pas assez dormir en nous la paresse. On n'est pas éveillé au monde, parce qu'on est trop éveillé à notre paresse. Quand on dort profondément, on est éveillé à ce qui repose en nous. On communique avec le plan des fondements. On n'est alors pas loin du monde des idées*, c'est-à-dire des formes* fondamentales sur lesquelles repose la réalité. La notion de rêve est toujours proche de celle de l'idéal. Ce n'est pas un hasard. L'idée fait rêver. Elle nous projette dans un autre monde. À l'inverse, le rêve nous donne des idées. Il nous ouvre l'esprit en nous faisant communiquer avec le fondement sur quoi tout repose. Un mot le montre bien. Il s'agit du verbe songer que l'on utilise pour parler du rêve inspiré comme de la pensée profonde. En ce sens, Bachelard (1884-1962) a eu raison de parler d'une conscience du rêveur. Car le rêve est l'enfance de la conscience. Son éternelle jeunesse.

En mettant en sommeil une partie du réel, le rêve est un acte d'éveil à la vie profonde qui repose en nous et sur laquelle nous reposons.

La métaphysique n'est-elle qu'un roman ?

La métaphysique est souvent tenue pour une discipline illusoire. Mais n'est-ce pas plutôt un monde dépourvu de toute dimension métaphysique qui l'est ?

La critique d'une illusion

Pour bien des philosophes, la métaphysique* n'est qu'une illusion. Présentée comme la science* qui s'efforce de connaître ce qu'il y a au fondement* de la nature comme de la condition humaine, celle-ci est traversée, selon eux, par trois contradictions. La première consiste à supposer qu'il y a quelque chose de fondamental au-delà du réel, qui est plus réel que le réel en quelque sorte, puisqu'il en est le fondement. Ce qui n'est pas sans poser un problème. Car, s'il existe un réel plus réel que le réel dans lequel nous sommes, quelle est la réalité d'un tel réel ? Comment peut-on être à la fois dans le réel et au-delà de celui-ci ? Il faut choisir. Ou bien on est au-delà du réel. Et dans ces conditions, on n'est pas réel. Ou bien on est dans le réel. Alors, il n'y a plus d'au-delà du réel. Selon les critiques de la métaphysique, les métaphysiciens n'ont pas su choisir. D'où l'idée*, bizarre chez eux d'une double réalité. Par ailleurs, il existe une seconde contradiction consistant à vouloir faire la science de cet au-delà métaphysique. Car, là encore, il importe de choisir. Ou l'au-delà est au-delà et l'on ne saurait en faire la science. Ou l'on peut en faire la science et l'au-delà n'est pas au-delà. Il importe de savoir, autrement dit, quelle science peut bien être la métaphysique. Si l'on respecte son objet, à savoir ce qui est au-delà et qui comprend tout, ne faut-il pas renoncer à en faire la science ? Et si l'on en fait la science, ne faut-il pas renoncer à en faire un objet que l'on respecte ? D'une façon générale, qu'il s'agisse du fond comme de la forme, de son objet comme de sa méthode, la méta-

« La nature est là qui t'invite et qui t'aime ;
Plonge-toi dans son sein qu'elle t'ouvre toujours ;
Quand tout change pour toi, la nature est la même
Et le même soleil se lève sur tes jours.

De lumière et d'ombrage elle t'entoure encore ;
Détache ton amour des faux biens que tu perds.
Adore ici l'écho qu'adorait Pythagore,
Prête avec lui l'oreille aux célestes concerts. »
Lamartine, *Les Méditations poétiques*, 1820.

physique semble être bien contradictoire. N'est-ce pas parce qu'elle pose mal ses questions, demandera Kant (1724-1804) ? Si la métaphysique renonçait à devenir une science, peut-être se heurterait-on à moins de contradictions. Si, par exemple, la métaphysique était davantage un horizon* par rapport auquel l'homme se constitue en tant que sujet moral avec son exigence d'homme, celle-ci cesserait d'être un objet que la science tente de réduire. L'idée métaphysique s'est souvent accompagnée de l'idée que l'homme pouvait connaître. Cette idée ne nous a-t-elle pas fait beaucoup de mal ? Ne serait-il pas temps d'y renoncer, afin de nous contenter d'envisager plus modestement le plan métaphysique comme étant celui de ce qu'Emmanuel Levinas (1905-1995) a appelé l'Autre ?

L'exigence métaphysique

La métaphysique, est ou bien taxée d'illusion, ou bien renvoyée à une utilité morale. Ce qui est une erreur. D'abord, parce que la connaissance n'est pas concevable sans un rapport à la métaphysique. Les hommes sont des chercheurs infatigables. Ils ne cessent de questionner le réel. Pourquoi ? Parce qu'ils ont intimement conscience que le réel est plus vaste qu'ils ne l'imaginent. C'est donc l'infini qui les guide. Ôtons-leur ce sens de l'infini, il ne reste plus rien de l'énergie qui motive la connaissance. En cela, la métaphysique n'a pas qu'une utilité morale. Elle a une utilité pour la connaissance, tant il est vrai qu'à chaque fois que nous sommes en position de connaissance, tout en nous situant dans l'infini et par rapport à lui, nous sommes de fait dans la position métaphysique consistant à aller au-delà, et donc, nous sommes quelque peu l'infini lui-même.

Vouloir connaître, c'est dépasser le monde dans lequel nous vivons et, par là même, c'est occuper une position métaphysique.

Est-il vrai qu'il n'y a pas de hasard ?

Le refus du hasard est une condition pour penser. Car invoquer le hasard est un renoncement à vouloir s'interroger sur les causes qui nous gouvernent. Est-ce à dire pour autant que le hasard soit dépourvu de tout sens ?

« La méditation sur le hasard qui a fait se rencontrer mon père et ma mère est encore plus précieuse que celle de la mort. »
Simone Weil, *La Pesanteur et la Grâce*, 1947.

Un refus positif

Pour s'inciter à penser, il n'y a pas de meilleure formule que celle consistant à dire que rien n'arrive par hasard*. Les scientifiques le savent bien. C'est la raison pour laquelle l'un des articles de foi du déterminisme* scientifique repose sur l'idée* que rien n'arrive par hasard. Car poser que les choses arrivent par hasard, c'est stopper net la réflexion en renonçant à aller chercher derrière un événement les causes de celui-ci. Se demander, en revanche, quand un événement se produit, si véritablement il est l'effet du hasard, c'est entreprendre d'aller au-delà des apparences* en faisant surgir les causes qui gouvernent celles-ci et, derrière elles, l'ordre souvent inaperçu du réel. Aristote (384-322 av. J.-C.), à l'aube de la philosophie, a incité les esprits de son temps à la réflexion, en leur disant que la nature ne fait rien en vain. Plus près de nous, Freud (1856-1939) a souligné que rien n'est insignifiant. C'est le refus du hasard qui fait apparaître le déchiffrement du réel et qui introduit du sens dans celui-ci. Cela dit, il importe de s'interroger. Interpréter est indispensable. Mais trop interpréter peut devenir dangereux.

Un usage méthodique du hasard

Chercher des causes* partout peut conduire à aller chercher des causes là où il n'y en a pas et à imaginer ainsi des intentions cachées. Le risque est alors grand d'imaginer dans le monde un arrière-monde et de basculer ainsi dans la superstition. L'idée qu'il existe un destin, que tout est voulu par une volonté supérieure est une perversion de l'idée de cause. Newton (1642-1727) disait qu'il n'échafaudait pas d'hypothèses, et Auguste Comte (1798-1857) rappelait que la science* ne part pas à la recherche des causes mais des lois. Car la recherche des causes induit une spéculation souvent vaine que la recherche des lois* interdit. Il est sage de renoncer parfois à vouloir comprendre le pourquoi afin de comprendre davantage le comment. Car il est sage de chercher à se demander comment faire un bon usage de la vie, au lieu de s'arrêter devant elle en nous demandant ce qu'elle veut en général. La vie veut que l'on vive. Donc, que l'on fasse un bon usage de ce qu'elle nous donne. Bachelard (1884-1962), qui a toujours défendu le rationalisme scientifique, n'en a pas moins critiqué les excès du déterminisme, en déclarant que connaître les causes qui nous gouvernent, ce n'est pas chercher à connaître les causes qui nous permettent de tout prévoir une fois pour toutes. Car on cesse alors de se mouvoir dans l'espace de la science, pour basculer dans l'illusion superstitieuse et magique qui cherche à tout connaître à l'avance. Au XIXe siècle, Cournot (1801-1877) a réhabilité le hasard, en montrant que plusieurs séries d'événements déterminés peuvent avoir, en se croisant, un effet indéterminé. Aujourd'hui, la science admet la notion de hasard. Elle nous parle de l'aléa que l'on trouve dans la réalité. Et ce, afin de cerner au plus près les mécanismes d'une « réalité qui est aléatoire », parce qu'elle est mouvante, multiple, souple. Tout se passe comme si le réel, pour se déterminer à être*, ne se déterminait pas une fois pour toutes, afin d'avoir encore à se déterminer d'une façon vivante.

« Les théories sur le progrès, sur le génie qui perce toujours, proviennent de ce qu'il est intolérable de voir ce qu'il y a de plus précieux au monde, livré au hasard. C'est parce que cela est intolérable, que cela doit être contemplé. »
Simone Weil, *La Pesanteur et la Grâce*.

On peut penser le hasard d'une façon rigoureuse, et l'envisager comme un effet du déterminisme et non comme sa négation.

Est-il vrai qu'il n'y ait pas de mystère ?

Si faire des mystères n'est pas une vertu, en est-il autant du fait d'avoir le sens du mystère ?

La violence du caché

Spinoza (1632-1677) a critiqué à maintes reprises le fait de vouloir voir du mystère partout. Les esprits sournois font des mystères. Ils cachent les choses. Ils mentent. C'est pour pouvoir s'emparer des autres par surprise. D'où la violence du fait de vouloir cacher les choses. Les esprits francs et honnêtes ne cachent rien. Tout est transparent avec eux. Rien n'est dans l'ombre. Il en va de même du réel. Ce qui est réel ne fait mystère de rien. Tout se déroule au grand jour. En ce sens, il y a une fausse profondeur du mystère. Ceux qui voient des forces occultes agissant dans l'ombre n'éclairent pas l'esprit mais l'obscurcit. Une telle démarche maintient les esprits en enfance en leur faisant peur, comme on effraie les enfants en leur racontant des histoires de loups. Spinoza, en ce sens, n'a pas tort. Cela dit, le sens du réel implique d'apercevoir que le mystère n'a pas qu'un seul sens. À condition de bien comprendre celui-ci en le distinguant de l'énigme et du secret.

« Les morts cachés sont bien dans cette terre Qui les réchauffe et sèche leur mystère. Midi là-haut, Midi sans mouvement En soi se pense et convient à soi-même... Tête complète et parfait diadème Je suis en toi le secret changement. »
Paul Valéry, *Le Cimetière marin*, 1920.

Mystère, secret et énigme

Le mot mystère vient du grec *mysterion* qui veut dire silence. Le silence est ce que l'on expérimente quand on rencontre le côté extraordinaire de l'existence*. On ne s'agite pas. On ne bavarde pas. On se tait. On se retient de tout geste. On s'efforce de faire une place à ce qui est ainsi hors du commun. Le mystère est lié à un profond respect. Quelqu'un de superficiel qui ne respecte rien n'a pas le sens du mystère. Il pense pouvoir aller partout, parce qu'il croit pouvoir tout se permettre. Quelqu'un qui a le sens du mystère a le sens du sacré. Comme il ne se croit pas tout permis, il renonce à aller partout. D'où la signification profonde de la mystique. Souvent assimilée à un état d'exaltation, voire de délire, celle-ci est en fait tout le contraire. Un vrai mystique ne délire pas. Pas plus qu'il ne fait de mystère. Il se contente de témoigner de la profondeur de la vie, telle qu'il a pu la rencontrer au cours de sa contemplation. Le mystère, en ce sens, n'est pas le secret ni l'énigme. Le secret, c'est ce que l'on dissimule. On ne veut pas dire quelque chose à quelqu'un. On le cache. Certes, il arrive que le mystère s'entoure de secret. Quand quelqu'un n'est pas prêt à entendre parler de choses profondes, il vaut mieux ne pas en parler. Pour le bien de tout le monde. Il est dommage de manger du caviar comme on mange un hamburger. Pour la connaissance, il en va de même. Il faut se préparer à goûter les fruits du savoir* et à voir briller les diamants de la vie. L'énigme, de son côté, est encore quelque chose de différent. L'énigme, en effet, est une question qui se pose à nous. Souvent en termes voilés, symboliques ou contradictoires. Ainsi, quand le Sphinx interroge Œdipe en lui demandant qui marche à quatre pattes le matin, à deux pattes à midi et à trois pattes le soir, il lui pose une énigme. Il le met à l'épreuve afin de voir s'il pourra apercevoir la réalité qui se cache derrière le symbole. Si l'énigme éprouve, le secret protège. Quant au mystère, il révèle.

Avoir le sens du mystère ne consiste pas à obscurcir la réalité, mais à avoir le sens du silence (mystère voulant dire silence en grec) devant ce que celle-ci peut avoir d'essentiel.

Est-il vrai que la vie ne poursuit aucun but ?

L'idée de finalité peut être source de toutes sortes d'illusions. Est-ce à dire qu'il est possible de s'en passer ?

L'illusion finaliste

Au cours du XVIIe siècle, en écrivant son *Éthique*, Spinoza (1632-1677) a procédé à une critique radicale de toute idée* de finalité. La vie, a-t-il dit, ne poursuit aucun but et il ne convient pas de lui prêter des intentions qui sont les nôtres. C'est l'homme qui poursuit un but et qui s'imagine pour se rassurer que la nature agit comme lui. Ainsi, il se sent moins seul dans l'univers. La vie n'a pas besoin de but. Car elle ne manque de rien. Et pour cause, puisqu'elle est la vie. Si elle poursuivait un but, cela voudrait dire qu'elle est imparfaite. Elle ne pourrait pas alors être la vie. Il convient donc d'accepter que la vie n'ait pas d'autre but qu'elle-même et qu'elle soit, à cet égard, gouvernée par la nécessité. Qu'est-ce que la nécessité ? Ce qui est vital. Fondamental. Indispensable. Ainsi la vie est nécessaire, parce que, par définition, la vie est dans un rapport vital à elle-même. Elle est tout ce qu'elle est et vit tout ce qu'elle vit, parce qu'elle veut vivre. Il s'agit là d'une condition indispensable. De vie ou de mort. Si nous étions vraiment vivants, nous ne ferions que des choses nécessaires. Tout serait essentiel dans nos actes. Tout serait fondamental. Comme ce n'est pas le cas, parce que nous manquons de vie, nous nous tournons vers des buts extérieurs. Les gens superficiels qui s'ennuient dans la vie recherchent des buts pour combler leur ennui. Les gens profonds n'ont pas de temps à perdre. Ils sont tellement occupés à vivre d'une façon profonde et essentielle, qu'ils ne se posent plus la question du but. Convenons-en, la leçon de Spinoza a

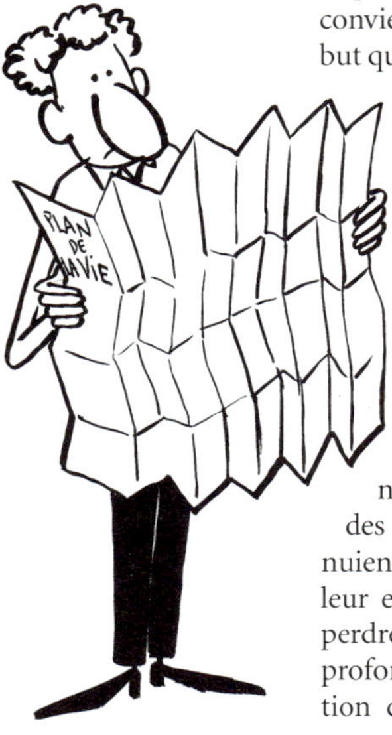

quelque chose de décapant, qui est encore vrai tant l'homme extérieur a tendance à prendre le dessus sur l'homme intérieur qui est pourtant l'homme essentiel. Nous attendons trop que les choses nous viennent de l'extérieur par une sorte de miracle de la Providence. Et quand ce miracle ne se produit pas, nous maudissons le destin. Cela dit, peut-on pour autant totalement s'affranchir de la notion de finalité?

« L'esclavage, c'est le travail sans lumière d'éternité, sans poésie, sans religion. Que la lumière éternelle donne, non pas une raison de vivre et de travailler, mais une plénitude qui dispense de chercher cette raison. À défaut de cela, les seuls stimulants sont la contrainte et le gain. La contrainte, ce qui implique l'oppression du peuple. Le gain, ce qui implique la corruption du peuple. »
Simone Weil, *La Pesanteur et la Grâce*, **1947.**

Le sens de la finalité

La perfection n'a sans doute pas besoin de but, puisqu'elle est la perfection. Mais nous, qui ne sommes pas la perfection, nous en avons besoin, et force est de constater que la notion de but a quelque chose de structurant, pour ce qui nous concerne. Ainsi, avoir un but dans la vie, c'est d'abord ne pas errer. C'est faire quelque chose de soi en « emmenant sa vie quelque part », au lieu de végéter dans la paresse. En outre, c'est sortir de soi en s'intéressant à autre chose que soi. Si bien que le but finit par transformer la réalité que nous vivons. On pourrait vivre replié sur soi dans une forme de néant, on vit soudain pour autre chose que cette vie stérile. Comment ne pas voir là que la notion de but nous a ouvert la voie menant vers le réel? Certes, le but nous projette au-delà de nous-mêmes. Il ne nous rend pas plus extérieurs à nous-mêmes pour autant. Au contraire. La religion parle d'une réalité (la réalité divine) qui dépasse l'homme et soutient que celle-ci constitue le but de la vie. Beaucoup de philosophes comme Sartre (1905-1980) voient là une forme de fuite. Aussi se méfient-ils de toute transcendance* religieuse, qui appelle un dépassement de la vie humaine. Et si la religion avait un autre sens que celui d'être une transcendance aliénante? Par exemple, en étant un appel venant de l'extérieur de l'homme afin d'inciter celui-ci à sortir de lui-même? Cela serait le signe qu'il y a quelque chose qui, pour être extérieur à l'homme, ne rend pas celui-ci extérieur à lui-même. Ce qui serait proprement étonnant.

Le but est aliénant quand il est l'attente passive d'un événement extérieur. Il est créateur quand il est un dépassement de soi.

Ne pourra-t-on jamais se connaître soi-même ?

Socrate a invité ses disciples à se connaître eux-mêmes, mais est-il possible de se connaître soi-même ?

« L'inconscient, c'est l'élément mental (sensation) sans aucune relation ; il n'y en a pas : raison métaphysique ; d'où viendrait cette sensation ? Le conscient, c'est la pensée proprement dite innovant avec effort au contact des phénomènes subis : au-dessus de la réflexion, la pensée s'affranchissant des phénomènes. »
Jules Lagneau, *Célèbres leçons et fragments.*

La sagesse des Anciens

« Connais-toi toi-même ! » C'est ce que tout voyageur se rendant en pèlerinage à Delphes durant l'Antiquité pouvait lire sur le frontispice du temple d'Apollon, le dieu de la vérité. C'est ce que Socrate (470-399 av. J.-C.) adopta comme devise en se chargeant de l'enseigner à ses disciples. Ce qui ne va pas de soi. Car, que veut dire au fond se connaître soi-même ? Puis-je faire de moi-même un objet de connaissance en me plaçant en face de moi-même ? N'est-ce pas là faire de moi un objet alors que je suis un sujet ? Et n'est-ce pas de ce fait nécessairement passer à côté de moi-même en croyant pourtant me saisir ? En outre, admettons qu'il me soit possible de m'étudier comme un objet. Serai-je impartial ? Ne vais-je pas gommer les aspects de moi-même qui me dérangent, pour ne conserver que ce qui m'arrange ? Même si, consciemment, je pense être honnête à mon égard, ne serai-je pas tenté inconsciemment de me bâtir une image de moi conforme à mes vœux secrets ? Il paraît difficile, autrement dit, de se connaître. Est-ce à dire que c'est là quelque chose d'impossible ?

Ce que se connaître veut dire

Constatons-le, quand nous voyons les limites de la connaissance de nous-mêmes, c'est bien là le signe que nous pouvons nous connaître nous-mêmes. Si tel n'était pas le cas, nous ne pourrions même pas connaître nos limites. Tant il est vrai que pour avoir conscience de ses propres limites, encore faut-il avoir conscience de soi. En ce sens, s'il est vrai que nous ne

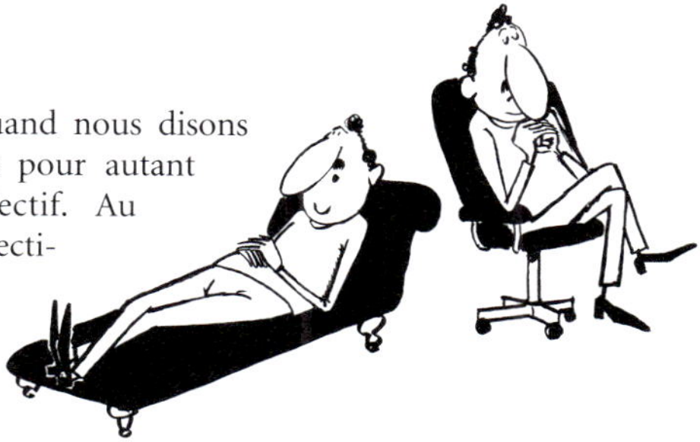

sommes pas un objet, quand nous disons cela, nous ne disons pas pour autant quelque chose de subjectif. Au contraire. Nous nous objectivons. Pour la première fois, nous disons quelque chose sur nous qui est dénué de partialité. De ce fait, cela ne saurait être trompeur. On se tromperait et l'on tromperait les autres si l'on prétendait savoir qui l'on est. Or, tel n'est pas le cas. Une connaissance de soi, autrement dit, est possible, dès lors que l'on procède d'une façon « négative », en allant contre soi, de façon à déjouer les illusions qui pourraient se produire. Cette démarche porte un nom connu. Il s'agit de la dialectique.

Généralement, on entend par dialectique la méthode qui consiste à dialoguer de façon à parvenir à la vérité* à travers la confrontation des idées*. Cet aspect de la dialectique se retrouve dans le rapport à soi, puisque se connaître, qu'est-ce sinon parvenir à la vérité de soi-même à travers un dialogue exigeant avec soi-même, ne laissant rien passer. Certes, procéder à un tel dialogue intérieur n'est pas sans complications ni détours, mais c'est à cette condition que l'on peut progresser en évacuant peu à peu toutes les illusions qui peuvent se présenter. Platon (428-348 av. J.-C.) a appelé cette démarche la démarche du détour. Parfois, il arrive que le plus court chemin pour aller quelque part prenne un détour. C'est ce qui se passe dans la connaissance intérieure de soi-même. En faisant un détour par un doute* à notre égard, nous progressons vers nous-mêmes bien plus vite que si nous voulions brûler les étapes, en prétendant savoir qui nous sommes. Car, alors, tout serait à refaire. La psychanalyse a redécouvert une semblable vérité*. En procédant d'une façon qui semble longue et souvent tortueuse, celle-ci évite de tomber dans un refus d'accepter l'inconscient qui témoigne toujours d'un problème à l'égard de celui-ci.

Une connaissance de soi sans illusion est possible, dès lors que l'on procède par détour, que, dialoguant avec soi, l'on entreprend courageusement son autocritique.

Ne pourra-t-on jamais connaître la nature ?

On n'a pas tort de souligner que sans doute on ne parviendra jamais à connaître la nature. Mais, au fait, de quelle connaissance parle-t-on ?

La nature n'est pas ce que l'on croit

David Hume (1711-1776) au XVIIIe siècle note que les choses ne sont pas ce que l'on croit. On imagine que la nature a un ordre, parce que l'on observe un certain ordre dans celle-ci. Mais, au fond, qu'en savons-nous? Soyons rigoureux, le monde que nous observons n'a pas toujours existé et n'existera sans doute pas toujours. Pour l'instant, il s'agit d'un monde relativement ordonné et stable. Mais pour combien de temps? Que tout vienne soudain à changer et nous n'aurons plus du tout l'impression d'ordre. Il faudrait que nous puissions avoir davantage de recul que nous n'en avons à l'égard de la nature . Nous avons tendance à projeter sur elle un ordre qui n'existe que pour nous. En l'occurrence, celui de nos habitudes tant personnelles que sociales et culturelles. Cela, pour nous rassurer. Mais comment être dupes quand on réfléchit? La réalité est riche et complexe. Tous les jours, quantité de découvertes ont lieu. Pour prétendre connaître le réel, ne faudrait-il pas avoir épuisé tout le champ de ce qu'il est possible de découvrir? Ne serait-ce pas là une façon de se prendre pour Dieu*? Et en se prenant ainsi pour Dieu, n'est-ce pas au bout du compte une façon de délirer? Est-ce vraiment nous qui parlons quand nous prétendons connaître de la sorte? Kant (1724-1804) a consacré toute la *Critique de la raison pure* à dénoncer ce qu'il a appelé les prétentions de l'entendement* lequel, croyant pouvoir tout connaître, outrepasse les limites qui sont les siennes. Il a posé ce faisant le problème crucial de la modernité, qui est celui des limites de la science*. Comment savoir sans que cela devienne une folle prétention? Et éviter d'être fou sans pour autant tuer la connaissance?

La connaissance n'est pas ce que l'on croit

Il faut limiter la connaissance et, pour cela, régler son propre rapport à celle-ci. Mais il faut ne pas renoncer à connaître pour autant. D'où l'erreur d'une certaine façon de limiter la connaissance. Et donc une contradiction. Car, pour savoir que la nature n'est pas connaissable, ne faut-il pas la connaître ? Pourrait-on limiter la nature si on ignorait tout d'elle ? À l'évidence, non. Au lieu donc de nous demander si la nature est connaissable ou pas, nous ferions mieux de régler notre méthode à l'égard de celle-ci. Au commencement était le désir de connaître la nature, afin de savoir ce qui la fait être, pour tenter d'être à notre tour. Sans un tel désir de connaître la nature, nous ne pourrions pas avoir de rapport à celle-ci, ni connaître *a fortiori* que nous ne pouvons pas la connaître. Aristote (384-322 av. J.-C.), durant l'Antiquité, a fondé toute sa philosophie sur la recherche de la cause* qui fait être. Il a entrepris cette démarche non parce qu'il cédait au désir présomptueux de violer les secrets de la nature, mais au contraire pour lutter contre un tel désir. Car, c'est lorsque l'on ignore tout de ce qui nous fait être, que nous agissons avec présomption. Nous nous imaginons être l'être* et nous nous permettons tout. Quand nous avons au contraire conscience de ce qui fait être, nous agissons à l'inverse. La vraie connaissance ne peut jamais nous rendre fou. Au contraire. Elle nous évite de le devenir.

« La raison trouve une connaissance vivante dans l'activité de la conscience et s'applique à cette idée première pour en déduire tout ce qui est ; elle ne crée pas l'idée ou le principe de causalité comme elle crée la notion de substance qui est une idée abstraite réunissant le système total des êtres. L'existence absolue de la connaissance est un fait et non pas une abstraction. »
Jules Lagneau, ***Célèbres leçons et fragments.***

Seul l'orgueil dans la connaissance nous fait errer. L'humilité dans la connaissance nous évite la prétention comme le délire.

Dieu n'est-il qu'une invention de l'homme?

L'idée de Dieu paraît souvent bien éloignée du savoir, quand elle ne lui semble pas tout simplement étrangère. Et si nous avions besoin de cette idée pour nous penser?

« Suis le jour dans le ciel, suis l'ombre sur la terre,
Dans les plaines de l'air, vole avec l'aquilon,
Avec les doux rayons de l'astre du mystère,
Glisse à travers les bois dans l'ombre du vallon.

Dieu, pour le concevoir, a fait l'intelligence ;
Sous la nature enfin découvre son auteur !
Une voix à l'esprit parle dans son silence,
Qui n'a pas entendu cette voix dans son cœur ? »
Lamartine, *Les Méditations poétiques*, 1820.

Un savoir venant de Dieu ?

Que vient faire Dieu* dans le savoir* ? En quoi peut-il aider à connaître? La religion n'est-elle pas de l'ordre de la croyance? Ne s'oppose-t-elle pas à la science* qui se fonde, elle, sur la raison? Beaucoup le pensent. Depuis le XVIIIe siècle en particulier. Ainsi, dira-t-on, Dieu est l'asile de l'ignorance. Il a été inventé afin d'expliquer ce que l'on ne parvient pas à comprendre. De combler les lacunes de ce que l'on ignore. Et ce, pour se rassurer, en se racontant qu'il existe une vie après la mort. À Napoléon (1769-1821) qui lui demandait quelle place avait Dieu dans son système, le physicien et mathématicien Laplace (1749-1827) aurait répondu: « Sire, je n'ai pas eu besoin de cette hypothèse. » Cela résume bien l'esprit d'une époque. Le savoir, à un moment de notre histoire, s'est transformé. Au Dieu du savoir a succédé le savoir sur Dieu. On a cessé de se tourner vers Dieu pour fonder le savoir. On s'est tourné, en revanche, vers le savoir pour expliquer pourquoi on avait besoin de se tourner vers Dieu afin de fonder le savoir. Dieu a été ainsi expliqué comme une illusion inévitable. Par exemple, Auguste Comte (1798-1857) fait remarquer qu'il est fatal que les hommes s'imaginent qu'il existe des forces supérieures, quand ils sont ignorants, et donc qu'ils concluent qu'il existe des causes* gouvernant l'existence*. Ou bien encore, Marx (1818-1883) et Nietzsche (1844-1900) font remarquer que, dans certaines conditions, Dieu est une illusion vitale. Il permet de supporter la souf-

france sociale ou tout simplement de vivre en conférant une valeur à l'existence. Ce qui ne va pas de soi.

Dieu et le savoir

Nous constatons, en effet, en prétendant établir un savoir sur Dieu, que l'on ne s'est pas affranchi de toutes les idoles et de toutes les illusions. On a au contraire idolâtré la science en prétendant pouvoir tout expliquer par la sociologie, la psychologie ou la physique. Sans plus nous interroger, nous nous sommes mis à croire que l'homme pouvait tout dominer. Comment ne pas voir qu'en conférant un tel pouvoir à la science ainsi qu'à l'homme, nous sommes passés du pouvoir de la science à la science du pouvoir sous la forme de ce que l'on appelle aujourd'hui la technoscience, qui prétend pouvoir assurer le salut de l'humanité? Ainsi, la mort de Dieu ne nous a pas prémunis contre l'illusion. Elle en a changé le sens, puisque nous sommes passés d'un régime du savoir où l'illusion se situait en dehors de la science, voire contre elle, à un régime du savoir où la science en tant que telle exerce une fonction d'illusion. Il convient de ce fait de se demander si l'idée* de Dieu est si inutile qu'elle en a l'air? N'est-elle pas, aux limites du savoir, ce qui protège le savoir contre lui-même? Et donc ce qui protège l'humanité tout court? Le judaïsme considère que Dieu, parce qu'il est infini, n'est pas une idole, mais détruit toute idole. Descartes (1596-1650) a fondé la science moderne en se fondant sur Dieu, Dieu étant ce qui nous assure, de l'intérieur de nous-mêmes, que le réel existe et n'est pas une invention, l'homme pouvant tout inventer, sauf l'idée d'infini et de perfection. Et si nous osions dire que nous avons beaucoup perdu en n'écoutant plus ces leçons de sagesse? Nous aurions sans doute alors les moyens de faire de notre temps celui du crépuscule des idoles et non celui de leur triomphe.

L'idée de Dieu n'est pas tant un obstacle au savoir que la conscience du savoir lui-même.

L'homme est-il un animal supérieur ?

On pense souvent que l'homme est un animal supérieur. Même supérieur, l'homme est-il un animal ?

L'héritage de Darwin

Au cours du XIXe siècle, Darwin (1809-1882) a profondément bouleversé la conscience de son temps en montrant, par sa théorie de l'évolution, que l'homme est le résultat d'une série de mutations dues à une série d'adaptations aux défis lancés par le milieu. On en a conclu que l'homme descend du singe et qu'il n'est, somme toute, qu'un animal supérieur. Selon Freud (1856-1939), Darwin a rendu un grand service à l'humanité en lui ôtant un peu de sa superbe. Car l'homme, dit-il, a tendance au narcissisme. Il se fait une très haute image de lui-même. Déjà, avec Copernic (1473-1543), les choses ont commencé à changer, lorsque celui-ci a montré que ce n'est pas le soleil qui tourne autour de la terre, mais la terre qui tourne autour du soleil. Avec Darwin, ce changement s'est confirmé, l'homme n'étant plus considéré comme un être à part dans la nature, mais comme un animal parmi d'autres, certes plus évolué. Enfin, soulignera Freud, la psychanalyse est venue parachever le progrès commencé, en relativisant la conscience par rapport à l'inconscient. Beaucoup pensent aujourd'hui dans la ligne de Freud que l'homme se fait une trop haute idée* de sa personne et qu'il est bon que la science* lui enseigne qu'il n'est pas grand-chose, et surtout pas le roi de la création. Et si l'on se trompait ?

L'homme, un roi dans la création

Lorsque Kant (1724-1804) a entrepris de faire faire à la philosophie sa « révolution copernicienne », il n'a nullement relativisé la position de l'homme. Au contraire. Il a montré que la science avait été en mesure de comprendre les lois de l'astronomie, parce que l'homme s'était mis au centre de lui-même en s'appuyant absolument sur lui-même. De sorte qu'il a souhaité que la métaphysique* fasse de même en se mettant à tourner autour de l'homme pris comme sujet pensant, au lieu de faire tourner le sujet pensant autour d'elle. Quand, par ailleurs, Darwin considère que l'homme est un animal supérieur, il y a là une contradiction manifeste. Car comment ne pas voir que cette définition de l'homme par l'animal élimine tout simplement l'homme ? Si l'homme est un animal, même supérieur, cela veut dire que l'homme n'existe pas et qu'il n'y a que des animaux. Ce que l'expérience* dément. L'homme existe. Ne devrait-on pas en tenir compte et partir non pas de l'animalité pour étudier l'homme mais de l'homme pour étudier la nature et l'animalité ? La nature ne nous montre-t-elle pas, en effet, que l'homme n'est plus animal, et non pas qu'il l'est encore ? D'où vient cette capacité de rupture que l'homme exprime ? N'est-elle pas le signe d'une évolution créatrice ? Et si l'homme, avec sa conscience, était la clef de l'évolution, et non la nature, la clef de l'homme ? Selon Bergson (1859-1941), si Darwin avait davantage observé scientifiquement l'homme en partant du fait qu'il a une conscience, il aurait découvert le sens de l'évolution. Enfin, Freud pense qu'il n'est pas narcissique de se prendre pour un animal. L'expérience montre l'inverse. La tentation infantile constante de l'humanité est celle de se prendre pour un animal afin d'échapper à son humanité. L'humanité, en ce sens, serait bien moins infantile si elle cessait de se prendre pour un animal. C'est notamment le message qui nous est adressé, lorsqu'il nous est dit que l'homme est, et doit être, le roi de la création. Il y a des moments où un peu de fierté sauve.

« La grandeur de l'homme est toujours de recréer sa vie. Recréer ce qui lui est donné. Forger cela même qu'il subit. Par le travail, il produit sa propre existence naturelle. Par la science, il recrée l'univers au moyen de symboles. Par l'art, il recrée l'alliance entre son corps et son âme. »
Simone Weil, ***La Pesanteur et la Grâce,*** **1947.**

On croit toujours que l'homme est un animal, alors qu'il a cessé de l'être.

Faut-il vraiment ne pas vouloir être trop intelligent ?

On pense souvent que réfléchir, c'est compliquer la vie. Et si c'était plutôt l'absence de réflexion qui nous complique la vie ?

De l'intelligence naturelle à l'intelligence créatrice

Il y a deux formes d'intelligence*, soulignait Bergson (1859-1941). La première est celle que la nature nous lègue sous la forme d'une aptitude à l'adaptation. Il s'agit là de l'intelligence rusée. De l'intelligence habile. De l'intelligence guerrière. Pour riposter à une situation imprévue engendrée par l'environnement, nous utilisons tout ce que nous avons sous la main en faisant feu de tout bois afin de fabriquer une réponse adaptée. Cela peut déboucher sur des trouvailles et des stratagèmes géniaux. Il y a toutefois une autre intelligence. Celle-ci va à l'encontre de la première en cherchant non pas à s'adapter, mais au contraire à rompre afin de se délivrer. Car l'homme n'est pas simplement fait pour s'adapter à son environnement. Il est fait aussi pour surmonter celui-ci et y introduire de la nouveauté. D'où un comportement singulier de sa part consistant non pas à user des choses, mais à ne pas en user en vivant celles-ci pour elles-mêmes, en artiste ou en gourmet. Par exemple, en prenant le temps de savourer une sensation*. De la laisser vivre en soi, se mémoriser, s'imaginer, nous habiter complètement. Qui pratique une telle expérience* y trouve une liberté étonnante. Et, à travers elle, le pouvoir de faire naître des mondes nouveaux. Il y a une intelligence créatrice qui est capable de faire surgir des mondes. Celle-ci n'est pas l'intelligence adaptative. On l'oublie trop. D'où le double rapport que nous entretenons avec l'intelligence.

« Les Lumières sont la sortie de l'humanité hors de son état de dépendance dont elle est elle-même responsable. L'état de dépendance est l'incapacité de se servir de son entendement sans la conduite d'un autre. On est soi-même responsable de cet état de dépendance à cause d'un manque de résolution et de courage de s'en servir seul. **Sapere aude !** *Ose savoir ! Telle est la devise des Lumières. »*
Kant, ***Qu'est-ce que la lumière ?***

On ne réfléchit jamais assez !

Il existe une intelligence qui peut être destructrice. Il s'agit de celle qui analyse tout et qui interprète tout. Née de la peur, cette intelligence a quelque chose de paranoïaque. Voyant le monde comme un ennemi, se croyant persécutée, s'imaginant qu'il y a des complots qui se trament partout, celle-ci ne pense qu'à attaquer. Aussi comprend-on qu'un certain usage de l'intelligence fasse peur. Laissons le champ libre à l'intelligence paranoïaque, le monde a vite fait de devenir un champ de bataille. Est-ce à dire qu'il ne faut dès lors plus réfléchir? Nullement. Constatons-le d'abord, quand quelqu'un s'imagine des choses qui n'existent pas, comment le fait-on revenir à la réalité des choses? En lui demandant de réfléchir, d'user de sa raison, afin de se rendre compte par lui-même de la réalité des choses. Si la réflexion était si nuisible que cela, elle ne serait pas en mesure de nous guérir des fantômes qui viennent hanter notre imaginaire. La vraie réflexion nous protège des excès de la réflexion qui soumettent l'esprit à la passion derrière une apparence* de réflexion. En ce sens, elle nous protège de cet excès qui consiste à ne pas vouloir réfléchir, soi-disant pour ne pas violenter la vie. Il s'agit là en fait d'un stratagème rusé, consistant à se servir de la pensée pour la soumettre à la paresse afin d'utiliser cette paresse. Les dictateurs ont toujours l'art de murmurer à l'oreille de ceux qu'ils ont l'intention de dominer qu'il ne faut pas trop réfléchir. Aussi comprend-on que l'intelligence puisse être le moyen de la liberté. Quand l'intelligence est utilisée pour asservir en abrutissant, c'est en éclairant et en édifiant par l'intelligence que l'on retrouve les chemins de la liberté.

Face à une intelligence qui devient destructrice, il n'y a qu'un seul remède, non pas moins d'intelligence, mais plus d'intelligence !

Est-il vrai que la vérité ne se trouve pas dans les livres ?

La vie, dit-on, ne s'apprend pas dans les livres mais dans la vie. Et si l'on avait besoin des livres pour déchiffrer le grand livre de la vie ?

Brûler les livres ?

« Brûle tes livres et descends dans la rue », pouvait-on lire en Mai 68. Cette phrase est dangereuse et loin d'aider à la transformation du monde, elle contribue à le faire régresser. Brûler les livres ne nous ramène-t-il pas au geste même des dictatures qui brûlent toujours les livres ? Certes, personne ne niera qu'il existe un savoir* livresque qui est la caricature du savoir. On cherche un homme, on trouve un livre. L'homme s'est effacé derrière un livre. Il répète au lieu de juger des choses par lui-même. Il cite au lieu de penser. Un manuel lui tient lieu de raison. Son rapport au livre est de ne pas en avoir. Rien n'est lu de l'intérieur. Tout est dominé par l'homme extérieur qui ne cherche qu'à intimider les autres en étalant sa culture. Ce qui peut prendre un aspect terrifiant quand le phénomène devient collectif. Tout le monde a en mémoire les foules de gardes rouges sous le régime de Mao Tsé-Toung (1893-1976) en Chine. Fanatisées, celles-ci brandissaient le « Petit Livre rouge » des pensées de Mao. Qui ne répétait pas ce qui était écrit dans ce livre était poursuivi et mis en prison. Les dictatures cherchent toujours à s'emparer des esprits. Aussi inculquent-elles une doctrine par la force aux peuples qu'elles s'efforcent d'asservir. Cette acquisition tend malheureusement à exister dans la vie intellectuelle. Psychanalyse, marxisme, existentialisme ont, à leur époque, été au cœur de polémiques intellectuelles. Il s'en est suivi un climat nuisible pour la

liberté de l'esprit, l'intimidation tenant souvent lieu de réflexion. « Marx a dit que. » Il n'en fallait pas plus pour que toute discussion cesse. Descartes (1596-1650), Pascal (1623-1662), Spinoza (1632-1677) n'ont cessé de s'élever, en leur temps, contre les arguments d'autorité, en dénonçant le fait trop courant de citer saint Thomas d'Aquin (1228-1274) ou Aristote (384-322 av. J.-C.) pour s'abstenir de juger. On l'a trop oublié. Pourtant, tout professeur enseigne la même chose à ses élèves quand il leur rappelle qu'une collection de citations ne fait pas une dissertation et qu'un exemple ne saurait remplacer une démonstration. Il faut se servir de la culture et des livres. Et non se cacher derrière la culture et les livres. On ne le fait pas car on a tendance à passer d'un extrême à un autre. Quand on ne rejette pas les livres en déclarant qu'ils sont un obstacle à la vie, on s'enferme en eux pour les laisser vivre et penser à notre place. Quoiqu'ils paraissent opposés, ces deux gestes sont en fait l'expression d'une même passion. En l'occurrence, la paresse. On ne veut pas lire, c'est-à-dire user de sa propre intelligence* pour lire le grand livre de la vie. On recourt alors à deux stratagèmes pour s'affranchir de cet effort. On brûle les livres. Ou bien on laisse un livre penser pour nous.

***« Le vent se lève !...
Il faut tenter
de vivre !
L'air immense ouvre
et referme mon livre,
La vague en poudre
ose jaillir des rocs !
Envolez-vous, pages
tout éblouies !
Rompez, vagues !
Rompez d'eaux
réjouies
Ce toit tranquille
où picoraient des
focs ! »***
Paul Valéry,
Le Cimetière marin,
1920.

La vie est un grand livre

Pour guérir de ces passions dangereuses, il n'y a qu'un remède : revenir au sens du livre qui est le sens même de la culture. La vie est un livre, parce qu'elle n'est pas muette. Une parole la traverse et derrière cette parole, une intelligence infinie est porteuse d'une immense espérance. Lire dans ces conditions ne consiste pas à se fermer à la vie, mais à s'ouvrir à elle. C'est pour cela que lire et vivre ne sont pas opposés, mais sont la même chose. Car, quand on vit, on ne cesse d'apprendre, de découvrir, de déchiffrer des messages nouveaux. Et quand on ne cesse de déchiffrer des messages nouveaux, on s'enrichit. On devient donc libre.

La vie est un livre, parce qu'elle n'est pas muette et celui qui sait la lire devient libre, parce que sa vie se remplit de sens.

Bibliographie

Quelques ouvrages généraux

GRENIER (Hubert), *La Connaissance philosophique*, Masson, 1973.
Par un très grand professeur de philosophie, de magistrales leçons sur ce que connaître philosophiquement veut dire.

HERSCH (Jeanne), *L'Étonnement philosophique*, Gallimard, 1993.
Un panorama des gestes fondateurs des grandes pensées philosophiques. Passionnant.

KAMPOUCHNER (Denis, Sous la direction de), *Notions de philosophie*, Gallimard, 1995.
En trois volumes, tout ce qu'il faut savoir sur la philosophie, par les meilleurs spécialistes. Indispensable.

Quelques auteurs essentiels

ARISTOTE, *La Métaphysique*, Vrin, 1986.
Pour comprendre ce qu'être et penser l'être veulent dire. Fondamental.

BACHELARD (Gaston), *La Formation de l'esprit scientifique*, Vrin, 1993.
Comment parler de la science d'une façon qui donne envie d'être savant !

BERGSON (Henri), *L'Évolution créatrice*, PUF, 1998.
Une analyse de la vie qui est une critique de l'intelligence et réciproquement. Essentiel.

CANGUILHEM (Georges), *La Connaissance de la vie*, Vrin, 1992.
Par un grand professeur, de grandes leçons sur la connaissance du vivant.

DESCARTES (René), *Les Méditations métaphysiques*, PUF, 1992.
La connaissance commence par soi. Pour apprendre à penser. Fondamental.

FOUCAULT (Michel), *Les mots et les choses*, Gallimard, 1990.
Une histoire du savoir en Occident depuis la Renaissance. Magistral.

HEGEL (Georg Wilhelm Friedrich), *Leçons sur la philosophie de l'histoire*, Vrin, 1998.
Pour découvrir la philosophie en découvrant Hegel et inversement. Rien de mieux.

HEIDEGGER (Martin), *Introduction à la métaphysique*, Gallimard, 1987.
Pour comprendre ce que le mot métaphysique veut dire. Essentiel.

HUSSERL (Edmund), *La Philosophie comme science rigoureuse*, PUF, 1998.
Pour découvrir la phénoménologie. Difficile.

KANT (Emmanuel), *La Critique de la raison pure*, Garnier-Flammarion, 1987.
Ce livre pose tous les problèmes qui sont encore les nôtres aujourd'hui. Inutile de le rappeler, l'un des plus grands livres de philosophie qui ait jamais été écrit.

LEIBNIZ (Gottfried Wilhelm), *La Monadologie*, Gallimard, 1995.
Tout le système de Leibniz est contenu dans une vingtaine de pages. Superbement intelligent. Difficile.

PASCAL (Blaise), *Préface au traité du vide*, Garnier-Flammarion.
Pascal nous montre comment naît une science. Génial.

PLATON, *La République*, Garnier-Flammarion, 1966.
Platon nous emmène par la main vers le monde des idées, et nous comprenons que ce monde est le monde réel. Fondamental.

ROUSSEAU (Jean-Jacques), *La Profession de foi du vicaire savoyard*, Garnier-Flammarion, 1996.
À travers ce texte, on a toute la théorie de la connaissance du XVIIIe siècle.

SPINOZA (Baruch), *L'Éthique*, Garnier-Flammarion, 1988.
Il faut le deuxième livre avec patience, car il est difficile. On comprend alors pourquoi la connaissance doit s'affranchir de l'imagination et comment elle peut le faire.

Glossaire

Analyse : fait de décomposer un énoncé en allant du complexe au simple. Par extension, ce qui ne ressort pas du simple et de l'identique, par opposition à la synthèse*.

A priori : ce qui est indépendant de l'expérience. On n'a pas besoin de passer par une expérience pour savoir.

A posteriori : dépendant de l'expérience. On a besoin de passer par une expérience pour savoir.

Antinomie : opposition irréductible de deux propositions logiques que l'on ne peut pas réconcilier et entre lesquelles on ne peut pas trancher.

Apparence : le contraire de l'essence* et de l'être*. Inessentiel. Superficiel. Toutefois, sous le fait d'apparaître, l'apparence peut devenir la profondeur même de la manifestation et de la révélation.

Aperception : fait de percevoir que l'on perçoit. Fait de s'apercevoir intellectuellement de quelque chose.

Beau : expression du Bien*. Le Bien est harmonieux. La beauté est cette harmonie.

Bien : principe de justice chez Platon. Rapport de tous les rapports. Ce qui fait que les choses conviennent en elles-mêmes en étant conformes à ce qu'elles sont.

Bon : qualité morale de ce qui est beau*. Le beau est harmonie et cette harmonie est bonne, parce qu'elle est sans violence et sans chaos.

Cause : la cause de ce qui produit un phénomène. Ce qui le fait être.

Concept : instrument intellectuel par lequel on quitte le particulier pour s'élever au général.

Déduction : forme de raisonnement consistant à aller du général au particulier en procédant à partir des conséquences.

Définition : la définition est ce qui énonce l'être* de quelque chose ou d'une proposition sur le plan logique. Elle pose les limites de celle-ci.

Déterminisme : méthode par excellence de la science* qui suppose que les phénomènes ne sont pas isolés et donc qu'il y a un lien entre eux.

Dialectique : méthode de raisonnement consistant à passer par le dialogue, voire l'opposition, afin d'arriver à l'unité et à la vérité*.

Dieu : cause première, parfaite omnisciente, omnipotente, bonne de tout ce qui existe.

Doute : contraire de la croyance. Refus d'adhérer et de croire systématiquement.

Entendement : par l'esprit, en dialoguant et en réfléchissant, il est possible de parvenir à faire l'unité dans la nature comme dans la société. L'entendement est cette faculté que nous avons de pouvoir créer ainsi de l'entente.

Épistémologie : science* qui étudie l'évolution de la science ainsi que ses méthodes.

Espèce: l'espèce spécifie. Elle détermine une classe d'individus autour d'un caractère précis.

Essence: nature logique d'une chose. Ce qui la caractérise principalement.

Étonnement: sursaut de l'esprit. Ouverture de celui-ci. Admiration face à ce qui est, manifestant un désir d'en savoir plus. Fondement* de la démarche philosophique selon Platon.

Être: fondement* de ce qui existe comme de l'essence. Fait qu'il y a quelque chose et non rien.

Existence: manifestation sensible et concrète de quelque chose.

Expérience: méthode de connaissance consistant à sortir de ce que l'on pense et de ce que l'on sait afin d'aller cueillir des informations à l'extérieur, sur lesquelles on réfléchira ensuite.

Fondement: le fondement est ce qui fonde. C'est sur lui que tout repose.

Forme: le contraire de la matière. Ce qui met en forme par une idée*, un principe intellectuel qui organise cette matière pour lui donner un aspect précis.

Généralité: caractère commun à plusieurs choses.

Genre: le genre génère. Principe producteur et générateur à l'origine d'une classe d'individus.

Habiter: être pleinement présent à, en étant rempli de.

Hasard: le hasard est le contraire de la nécessité. À ce titre, il est dépourvu de profondeur, de sens et de vie. Toutefois, il désigne aussi l'aléatoire, l'imprévisible.

Hiérarchie: succession réglée allant de façon croissante de l'inférieur au supérieur.

Horizon: entre l'idéal et le contingent, l'horizon donne un avenir à la pensée sans tomber dans l'illusion.

Idée: forme purement intellectuelle qui donne vie à la matière.

Imitation: principe de base de l'éducation. On commence à apprendre en imitant les autres.

Intelligence: capacité d'adaptation à ce qui est, en se reliant à ce qui est, et en saisissant par cette liaison toutes sortes de relations*. Par extension, sens des rapports.

Intuition: saisie immédiate de quelque chose.

Jugement: affirmation du vrai combinant à la fois le sens de l'appréciation personnelle et la rigueur de la loi.

Logique: science* des relations* formelles grâce auxquelles nous sommes en mesure de construire notre pensée.

Loi: règle mettant en forme les relations* entre les objets ou entre les hommes.

Logos: en grec, raison, mais aussi parole, langage. Le *logos* est ce qui fait que la nature est pleine d'intelligence et de sens au lieu d'être insignifiante et muette.

Glossaire (suite)

Mathématiques: si la logique* étudie la vérité sous l'angle de la non-contradiction des propositions, les mathématiques s'occupent, elles, de la déduction* en construisant la science* des rapports dans l'espace ainsi que dans la quantité et le nombre.

Métaphysique: ce qui est au-delà de la nature. Science* qui s'efforce de remonter aux fondements* de la réalité. On fait de la métaphysique à chaque fois que l'on s'efforce de comprendre ce qui fonde la réalité.

Opinion: le contraire de l'idée*. Affirmation égocentrique dépourvue de réflexion globale. Toutefois, l'opinion peut aussi désigner un engagement de soi.

Perception: percevoir est plus que sentir. C'est déjà réfléchir la sensation*, l'organiser, l'anticiper.

Qualité: une des grandes catégories de l'esprit. Permet de ranger le monde en répondant à la question: comment?

Quantité: une des grandes catégories de l'esprit. Permet de ranger le monde en répondant à la question: combien?

Relation: une des grandes catégories de l'esprit. Permet de ranger le monde en répondant à la question: quel rapport?

Savoir: le contraire de l'ignorance. Ensemble d'informations mais aussi de savoir-faire.

Science: savoir* particulier parmi les savoirs, fondé sur la méthode hypothético-déductive.

Sensation: résultat d'une impression sur le corps par les corps extérieurs. Il existe cependant aussi des sensations actives. Sentir devient alors le fait d'anticiper.

Synthèse: contraire de l'analyse*. Fait de composer la connaissance en reliant un concept* à une expérience*.

Transcendance: caractère de ce qui dépasse l'homme. Le divin est transcendant, car il renvoie au Tout Autre par rapport à l'homme.

Transcendantal: caractère de ce qui est *a priori*.* Indépendant des conditions de l'expérience*. À distinguer de la transcendance* qui renvoie à ce qui dépasse l'homme.

Universel: ce qui s'adresse à tous les hommes et que tous les hommes peuvent reprendre à leur compte. Unité d'une diversité. À ne pas confondre avec la généralité* qui est le caractère commun d'une classe d'individus et non l'unité consciente d'une diversité d'individus.

Vérité: est vraie l'exacte correspondance entre une idée* et une chose. Est vrai cependant aussi l'accord de l'esprit avec lui-même. La vérité est signe d'elle-même. Le vrai n'a pas d'autre critère que le vrai.

Index

Le numéro de renvoi correspond à la double page.

Dans la collection *Les Essentiels Milan*
derniers titres parus

136 La littérature française du XIXe au XXe siècle
137 Les prisons
138 L'orchestre
139 Le risque d'entreprendre
140 Ces maladies mentales nommées folie
141 Les Gitans
142 Surfer sur Internet
143 Les grandes interrogations morales
144 Daniel Cohn-Bendit
145 Les grandes interrogations politiques
146 Les compagnons
147 Molière, l'homme-théâtre
148 L'adoption
149 De l'impressionnisme à l'expressionnisme
150 Les grandes interrogations esthétiques
151 Mythes et mythologies de la Grèce
152 Combattre l'exclusion
153 Le génie génétique
154 Les enfants dans la guerre
155 L'effet Téléthon
156 La francophonie
157 Petit précis de philosophie grave et légère
158 Du réalisme au symbolisme
159 Le stress

Dans la collection *Les Dicos Essentiels Milan*

Le dico du multimédia
Le dico du citoyen
Le dico du français qui se cause
Le dico des sectes
Le dico de la philosophie
Le dico des religions
Le dico des sciences
Le dico de l'amour et des pratiques sexuelles
Le dico de la psychanalyse et de la psychologie

Dans la collection
Les Essentiels Milan Du côté des parents

1 Le sommeil des bébés
2 Apprendre avec l'écran
3 Devenir parent d'adolescent
4 Pour une nouvelle autorité des parents
5 L'école maternelle
6 Les vrais dangers qui guettent l'adolescent
7 L'appétit des bébés
8 Comment va-t-il apprendre à lire ?
9 Devenir bon en mathématiques
10 L'intelligence de votre bébé...
11 Parent de fille, parent de garçon
12 Les passions de vos ados

Responsable éditorial
Bernard Garaude
Directeur de collection – Éditio
Dominique Auzel
Correction – révision
Carole Gamin
Iconographie
Anne-Sophie Hedan
Illustrations
Michel Cambon
Conception graphique
Bruno Douin
Maquette
Linda Boissard – Exegraph
Fabrication
Isabelle Gaudon
Sandrine Bigot
Flashage
Exegraph

Aubin Imprimeur, 86240 Ligugé. — D.L. janvier 2000. — Impr. P 59326